AF826673

DIE ANWENDUNG
DER
BEWEISLASTREGELN
IM ZIVILPROZESS
UND DAS
QUALIFIZIERTE GESTÄNDNIS

VON

DR. KARL KORSCH

BONN 1911
A. MARCUS & E. WEBERS VERLAG

Die Anwendung der
Beweislastregeln
im Zivilprozess

und das

qualifizierte Geständnis

von

Dr. Karl Korsch.

Bonn 1911.
A. Marcus und E. Webers Verlag.

Inhaltsübersicht.

Seite

§ 1. Einleitung 1

Erster Teil:

Die Anwendung der zivilprozessualen Beweislastregeln im allgemeinen.

Erster Abschnitt: Die Beweislastregeln.

§ 2. Vorbemerkungen: Die Beweislastregeln des BGB. — Wie etwas heisst und was es ist. — Vorläufige Einschränkung des Untersuchungsgegenstandes 4

§ 3. Das begriffliche Wesen der Beweislastregeln 5

§ 4. Die Hauptregel der Beweislastverteilung 13

§ 5. Der legislatorische Grund dieser Regel 14

§ 6. Die positive Geltung dieser Regel 18

§ 7. Sonstige allgemeine Regeln der Beweislastverteilung? . . 19

§ 8. Die Regelung der Beweislast mit Bezug auf die Prozessvoraussetzungen 20

Zweiter Abschnitt: Der Beweislastbegriff.

§ 9. Vorbemerkungen: Die Beweislast in der ZPO. — Über historisch-dogmatische Fragestellung 24

§ 10. Die Tatsachenfeststellung im Zivilprozesse 25

§ 11. Die beiden ersten Stufen in der literargeschichtlichen Entwicklung des Beweislastbegriffes: Die B. als Notwendigkeit einer Beweisführung, und die B. als Notwendigkeit einer Hauptbeweisführung 26

§ 12. Die dritte und vierte Stufe in der Entwicklung des Beweislastbegriffes: Die B. als Notwendigkeit einer subjektiven Feststellungstätigkeit, und die Objektivierung des Beweislastbegriffes 28

§ 13. Die heutige Bedeutung des zivilprozessualen Beweislastbegriffes 30

§ 14. Insbesondere der Begriff der zur B. stehenden „Tatsachen" 33

Dritter Abschnitt: Die Anwendung der Beweislastregeln.

Erstes Kapitel: Die ideologische Auffassung von der Beweislast und ihre inneren Widersprüche.

§ 15. Die ideologische Lehre von der abstrakten Unabänderlichkeit der Beweislastverteilung 38

Seite

§ 16. Der innere Widerspruch der ideologischen Beweislastauffassung. — Die fingierten „stillschweigenden Behauptungen" 40

Zweites Kapitel: Die realistische Auffassung von der Beweislast. — Abstrakte und konkrete Feststellungslast.

§ 17. Die „erheblichen Tatsachen" und der Urteilssyllogismus im wirklichen Prozesse 43

§ 18. Die abstrakte und die konkrete Feststellungslast. — Abhängigkeit der letzteren von der konkreten Prozesslage . 47

§ 19. Abstrakte Feststellungslast und Behauptungslast im Zivilprozesse 50

§ 20. Die Behauptung „gesetzlicher Merkmale" im Zivilprozesse 51

§ 21. Die Aufhebung der Widersprüche, welche der ideologischen Beweislastauffassung anhafteten 57

§ 22. Abgrenzung der unmittelbar „erheblichen" Tatsachen von den bloss „indizierenden" Tatsachen 58

§ 23. Die Beweislast bei der Begründung des „besonderen" Urteilsinhalts 61

§ 24. Die Beweislast und die Auslegung von Rechtsgeschäften. 66

Vierter Abschnitt: Die praktische Bedeutung der Beweislastregeln im Zivilprozess.

§ 25. Vorbemerkung. Der Tatbestand der Beweislastregeln. Die angebliche Bedeutungslosigkeit der Beweislastregeln. Der Inhalt der Beweislastfolgen im Zivilprozesse 73

§ 26. Gründe, warum den Beweislastregeln nur eine sehr geringe praktische Bedeutung zukommen sollte. Die gesetzliche Regelung der Beweislast de lege ferenda 79

Zweiter Teil:

Die Beweislast beim qualifizierten Geständnis im besonderen.

Erster Abschnitt: Die Entwicklung einfacher und qualifizierter Geständnisse aus den einfachen Bestreitungen. Aufgaben der Prozessleitung.

§ 27. Die Geständnistatbestände im Prozess und die Entwicklung des einfachen Geständnisses aus der einfachen Bestreitung 85

§ 28. Die Grenzen der Substanziierungslast im allgemeinen und die verteilte Substanziierungslast 88

§ 29. Die Entwicklung des qualifizierten Geständnisses aus der einfachen Bestreitung 96

Zweiter Abschnitt: Der Gegenstand und die Verteilung der Beweislast beim qualifizierten Geständnis.

§ 30. Vorbemerkung: Der status causae et controversiae . . . 99

Erstes Kapitel: Der Gegenstand der B. beim qualifizierten Geständnis.

§ 31. Die ideologische Auffassung 101

§ 32. Der innere Widerspruch in der Leugnungstheorie Stölzelscher Lesart und die Konsequenzen der realistischen Auffassung 103

Seite

Zweites Kapitel: Tatsächliche Behauptungen, Bestreitungen, Affirmationen und Negationen 106

§ 33. Einführung in den Untersuchungsgegenstand. — Die wirklichen „Behauptungen“ können im Rechtssinne „Bestreitungen“ sein und umgekehrt 106

§ 34. Die positiven Behauptungen können im Rechtssinne „Bestreitungen“ sein und umgekehrt 107

Drittes Kapitel: Die Verteilung der B. beim qualifizierten Geständnis.

§ 35. Allgemeine Rechtfertigung der hier vorgetragenen Meinung und Widerlegung der entgegengesetzten Meinung Brodmanns 111

§ 36. Die Beweislast bei der Klage auf den kundenüblichen Kaufpreis 114

§ 37. Die Beweislast bei der Bedingung 115

Verzeichnis der abgekürzt zitierten Literatur.

(Wo nichts besonderes bemerkt ist, wird nach Seitenzahlen zitiert).

Bähr: Jahrb. für Dogm. Bd. 25, S. 394 ff. (1887).

v. Bar: Recht und Beweis im Geschworenengericht (1865).

Beckh: Die Beweislast nach dem Bürgerl. Gesetzbuch (1900).

Bentham: Traité des Preuves Judiciaires (bearbeitet von Dumont, Paris 1823).

Best: Grundzüge des englischen Beweisrechts (bearb. von Marquardsen, 1851).

Betzinger: Die Beweislast im Zivilprozesse, 2. Aufl. (1904); 3. Aufl. (1910). (Zitiert nach Nummern.)

Betzinger: Entscheidungen zur Beweislast (1904).

Bozi: Die Weltanschauung der Jurisprudenz (Hannover 1907).

Brodmann I: Vom Stoff des Rechts. Das Recht im Prozeß (1897).

Brodmann II: Zur Lehre von der Beweislast, — im Arch. f. d. ziv. Prax. Bd. 98, S. 66 ff. (1906).

Brodmann III: Vom Wesen und Begriff des Rechts, — in Jahrb. f. Dogm. Bd. 55, S. 277 ff. (1909).

Bülow: Das Geständnisrecht (1899).

Danz: Die Auslegung der Rechtsgeschäfte, 2. Aufl. (1906).

Danz, R.-Rechtsprechung, — in Jahrb. f. Dogm. Bd. 54. (Sonderabdruck 1908 bei S. Fischer in Jena.)

Degenkolb: Die Lehre vom Prozeßrechtsverhältnis, — im Arch. f. d. ziv. Praxis. Bd. 103, S. 385 ff. (1908).

Fischer (O.): Recht und Rechtsschutz, — in den Beiträgen z. Erl. d. Entw. eines BGB. (1889).

Fischer (O.): Sein und Schein im Rechtsleben, — in der Internationalen Wochenschrift vom 13. November 1909.

Fitting: Die Grundlagen der Beweislast, — in der Ztschr. f. Zivilpr. Bd. 13, S. 1 ff. (1889).

Fuchs: Die Gemeinschädlichkeit der konstruktiven Jurisprudenz (1909).

Gaupp-Stein: Die Zivilprozeßordnung, 8. u. 9. Aufl. Bd. 1, 1906 (zit. nach §§).
Glaser: Handbuch des Strafprozesses, Bd. 1 (1883).
Hahns Materialien; 2. Aufl. von Stegemann, 2. Abtlg. (1861).
Hedemann: Die Vermutung nach dem Recht des Deutschen Reiches (1904).
Hedemann: Beweislastproblem, — in der Ztschr. f. Rechtspfl. in Bayern, 6. Jahrg. Nr. 2 (1910).
Hellwig: Lehrbuch des Zivilprozeßrechts, Bd. 1 u. 2 (1903 u. 1907).
Heusler: Die Grundlagen des Beweisrechts, — im Arch. f. d. ziv. Prax. Bd. 62, S. 209 ff. (1879).
Hirschfeld: Legal Presumptions, — in The Law Magazine and Review Vol XXXV. No. 356 (May 1910), S. 256 ff.
Hölder: Über Ansprüche und Einreden, — im Arch. f. d. ziv. Prax. Bd. 93, S. 1 ff. (1902).
Kant: Kritik der reinen Vernunft (zit. nach der Seitenzahl der 2. Aufl. der Originalausgabe).
Kisch: Deutsches Zivilprozeßrecht, Bd. 2 (Göschen 1909).
Kohler: Grundriß des Zivilprozesses (1907).
Kohler, GB.-Gesammelte Beiträge zum Zivilprozeß (1894).
Laun: — in Grünhuts Ztschr., Bd. 36, S. 416 ff.
Leonhard: Die Beweislast (1904).
Manigk: Über Rechtswirkungen und juristische Tatsachen, — in den Abhandl. d. Univ. Königsberg für Immanuel Kant (und in Jahrb. f. Dogm. Bd. 49, S. 459 ff.).
RG.: Entscheidungen des Reichsgerichts in Zivilsachen. Herausgegeben von den Mitgliedern des Gerichtshofs.
Rogowski: — im Arch. f. d. ziv. Prax. Bd. 104, S. 328 ff.
Rosenberg: Die Beweislast nach der ZPO. und dem BGB. (1900. — Dasselbe unvollständig als Breslauer Dissertation. Die Seitenzahlen der Dissertation werden in Klammern zitiert.)
Rosenberg: Zur Lehre vom sog. qualif. Geständnisse, — im Arch. f. d. ziv. Prax. Bd. 94, S. 1 ff. (1903).
Schmidt (R.): Der Prozeß und die staatsbürgerlichen Rechte, — in den Vorträgen der Gehe-Stiftung, Bd. 2 (1910).
Schneider: Treu und Glauben im Zivilprozeß. (München 1903.)
Schopenhauer: Satz vom Grunde (zit. nach §§).
Schopenhauer: Welt als Wille, Bd. 2 (zit. nach Kapiteln).
Schultze: Tatbestand und Rechtsfolge (Beiheft zu Bd. 2 Heft 4 des Archivs für Rechts- und Wirtschaftsphilosophie 1909).

Stammler: Praktikum des bürgerlichen Rechts, 2. Aufl. (1903).
Stein: Das private Wissen des Richters (1893).
Stölzel: Schulung für die zivilistische Praxis, 1. Teil, 8. Aufl. (1909). — (Zit.: a) die Vorreden nach Absätzen, b) im übrigen nach Seitenzahlen.)
Stölzel, Z.-Über die Fassung von Beweis- und Eidesauflagen, — in der Zeitschr. für Zivilprozeß, Bd. 29, S. 339 ff. (1901).
Thon: Die rechtsverfolgende Einrede, — in d. Jahrb. f. Dogm. Bd. 28, S. 53 ff.
Wach: Die Beweislast nach dem BGB., — in der Zeitschr. f. Zivilprozeß, Bd. 29, S. 359 ff. (1901).
Weber: Über die Verbindlichkeit zur Beweisführung im Zivilprozeß, 3. Aufl. von Heffter (1845).
Wendt: Wie etwas heißt und was es ist, — im Arch. f. d. ziv. Praxis, Bd. 103, S. 417 ff. (1908).
Zitelmann: Gewohnheitsrecht und Irrtum, — im Arch. f. d. ziv. Prax. Bd. 66, S. 314 ff. (1883).

§ 1.

Einleitung.

I. Die *dogmatische* Rechtswissenschaft bezieht sich auf die in einem bestimmten Gemeinwesen geltenden Rechtssätze. Sie hat nichts zu tun mit der rückwärts und seitwärts schauenden historischen und rechtsvergleichenden Rechtswissenschaft, auch nichts mit der vorwärts schauenden Wissenschaft von den Rechtssätzen, welche richtiger Weise gelten sollten.

Die dogmatische Rechtswissenschaft hat ihren Gegenstand, die in einem bestimmten Gemeinwesen geltenden Rechtssätze, unter einem doppelten Gesichtspunkte zu behandeln. Sie hat einmal den abstrakten *Inhalt* dieser Rechtssätze zu ermitteln. Sie hat ferner die Art der praktischen *Anwendung* dieser Rechtssätze zu bestimmen. Beide Aufgaben berühren sich insofern, als es auch Rechtssätze gibt, welche sich auf die Art der Anwendung anderer Rechtssätze beziehen. Auch diese auf die Rechtsanwendung bezüglichen Rechtssätze haben jedoch einerseits wieder einen bestimmten Inhalt, und sind anderseits selbst wieder dazu bestimmt, praktisch angewendet zu werden. Auch ihnen gegenüber ergibt sich daher die nämliche doppelte Aufgabe der dogmatischen Rechtswissenschaft wie gegenüber allen andern Rechtssätzen: die Aufgabe, zunächst den abstrakten Inhalt dieser Rechtssätze zu ermitteln, demnächst die Art und Weise ihrer praktischen Anwendung zu bestimmen.

II. Nun wird hier die Meinung vertreten, daß in der dogmatischen Rechtswissenschaft bisher die Frage nach dem abstrakten Inhalt der geltenden Rechtssätze einen viel zu breiten Raum eingenommen hat, dagegen die Frage nach der Art und Weise der praktischen Anwendung geltender Rechtssätze zu kurz gekommen, sogar als selbständige Aufgabe der dogmatischen Rechtswissenschaft kaum erkannt worden ist. Dieses Mißverhältnis dürfte auf zwei zusammenwirkende Ursachen zurückzuführen sein. Einmal hat die bisherige Gesetzgebung ihre Aufgabe, den Inhalt der gelten sollenden Rechtssätze vollständig, klar und eindeutig zu bestimmen, selten ausreichend erfüllt, und es ist dadurch die Aufgabe der rechtsinhaltbestimmenden Jurisprudenz außerordentlich erschwert worden. Sodann aber hat gar häufig auch die Wissenschaft ihre Aufgabe verkannt, indem sie sich zur Auffindung von Rechtssätzen berufen fühlte, welche gelten sollten, ohne durch eine Gesetzesbestimmung oder ein Gewohnheitsrecht normiert zu sein. Geht man aber ohne Vorurteil an die Untersuchung der Frage der Rechtsfindung heran, so ist doch das eine klar: Eine Rechtsfindung außerhalb des gesetzten Rechts kann wohl unter Umständen dem entscheidenden Richter im Prozesse obliegen, da dieser ja eine Entscheidung auch dann geben soll, wenn eine diesen Einzelfall umfassende gesetzliche Regel fehlt; die Rechtsprechung muss also das Recht des Einzelfalles unter Umständen auch auf andere Weise als durch Anwendung des gesetzten Rechts finden. Niemals aber kann es die Aufgabe der dogmatischen Rechtswissenschaft sein, durch die Auffindung abstrakter, für die Entscheidung mehr als eines Einzelfalles bestimmter Rechtssätze das positiv geltende Recht zu vervollständigen. Wohlverstanden: Es gehört wohl die Auffindung derjenigen Rechtssätze, welche richtigerweise gelten sollten, zu den Aufgaben einer „nicht-dogmatischen" Rechtswissenschaft; nicht aber gehört die schöpferische Produktion geltender Rechtssätze zu den Aufgaben einer ihre Kompetenzen nicht überschreitenden „dogmatischen" Rechtswissenschaft.

III. Unter der Voraussetzung einer ihren Aufgaben gerecht werdenden Gesetzgebung und einer ihre Kompetenzen nicht ungebührlich erweiternden Rechtsdogmatik würde nun offenbar die bisher hauptsächlich gepflegte Aufgabe der dogmatischen Rechtswissenschaft sehr an Bedeutung verlieren. Denn die für die Bedürfnisse des Rechtslebens ausreichende Bestimmung des abstrakten Inhalts der in einem Gemeinwesen geltenden Rechtssätze erfolgt ohne große Schwierigkeit, wenn alleinige Quelle der geltenden Rechtssätze das Gesetz und das Gewohnheitsrecht sind, und die Gesetzgebung den Inhalt der gelten sollenden Rechtssätze nicht bloß andeutet, sondern voll zum Ausdruck bringt. In den Vordergrund des Interesses tritt alsdann die zweite, bisher noch kaum beachtete Aufgabe der Rechtsdogmatik: die wissenschaftliche Untersuchung der Frage, in welcher Weise die geltenden Rechtssätze praktisch anzuwenden sind. Für eine Sondergruppe von Rechtssätzen soll die Erfüllung dieser Aufgabe in der folgenden Abhandlung versucht werden. Finden wir in dieser Spezialuntersuchung ungelöste und lösenswerte Probleme in größerer Anzahl vor, so ist damit zugleich der allgemeine Nachweis dafür erbracht, daß es auch auf dem bisher so wenig beackerten Gebiet der Rechtsanwendung noch ungelöste Probleme gibt, deren prinzipielle Aufklärung eine theoretisch ebenso interessante und praktisch sogar wichtigere Aufgabe sein dürfte, als die Untersuchung der Frage nach dem abstrakten Inhalt der geltenden Rechtssätze.

IV. Aus unserer Problemstellung ergibt sich von selbst, daß die in der bisherigen Literatur der Beweislast am lebhaftesten erörterten Fragen nach dem Inhalt der als geltend zu betrachtenden Beweislastregeln in der folgenden Abhandlung nur gestreift zu werden brauchen. Sie sind nur insoweit zu erörtern, als dies zum Verständnis des eigentlichen Themas notwendig ist. Eine ausführlichere Behandlung dieser Fragen würde die Aufmerksamkeit von dem eigentlichen Untersuchungsgegenstande ablenken und infolgedessen das Verständnis der Hauptfrage nur erschweren.

Dagegen soll unser eigentliches Thema, die Frage nach der Art der praktischen Anwendung der Beweislastregeln, in geschlossenem Aufbau und in abgerundeter Darstellung so erschöpfend wie möglich erörtert werden. Der Hauptteil der hier anzustellenden Erörterungen bezieht sich also gerade auf diejenige Frage, welche in der bisherigen Literatur der Beweislast, mit alleiniger Ausnahme der im Jahre 1906 erschienenen Abhandlung Brodmanns, überhaupt noch nicht ausführlich behandelt worden ist.

Erster Teil:

Die Anwendung der zivilprozessualen Beweislastregeln im allgemeinen.

Erster Abschnitt:

Die Beweislastregeln.

§ 2.

Vorbemerkungen: Die Beweislastregeln des BGB. — Wie etwas heisst und was es ist. — Vorläufige Einschränkung des Untersuchungsgegenstandes.

I. In unserem Bürgerlichen Gesetzbuch und in dessen Nebengesetzen finden sich einige Bestimmungen, welche sich selbst als Regeln der „Beweislast" bezeichnen; vgl. §§ 282, 345, 358, 363, 442, 445, 542, 636, 2336 BGB.

Wesentlich gleichartig sind diesen ausdrücklichen Beweislastregeln die sog. gesetzlichen Tatsachenvermutungen des BGB. und der Nebengesetze; vgl. §§ 16, 20, 484, 1117, 1253, 1540, 1591, 2255 BGB.

Neben diesen ausdrücklichen Beweislastregeln und Vermutungen des Gesetzes werden heute noch viele im Gesetz nicht ausdrücklich vorgeschriebene Beweislastregeln praktisch angewendet.

II. Wollen wir uns über das begriffliche Wesen dieser Sondergruppe rechtlicher Regeln eine richtige Vorstellung machen, so müssen wir uns vor allem davor hüten, aus ihrem Namen, ihrer technischen Bezeichnung zu weit gehende Schlüsse zu ziehen.[1]) Diese Rechtssätze haben mit der Frage, welche Partei im Zivilprozesse eine Tatsache beweisen muß, unmittelbar überhaupt nichts zu tun. Ihre unmittelbare Bedeutung erschöpft sich vielmehr darin, daß sie prozessuale

Anweisungen an den urteilsprechenden Zivilrichter sind. [2]) Erst höchst sekundär entspringen dem Umstande, daß der Richter bei der Urteilsfällung diesen Anweisungen Folge zu leisten hat, auch gewisse theoretische und schließlich auch gewisse praktische Konsequenzen für die Partei, welche im Prozesse den Sieg zu erringen trachtet.

III. Wir haben im folgenden zunächst die unmittelbare, normative Bedeutung der sog. Beweislastregeln darzulegen, wollen also die Regeln der Beweislast zunächst lediglich als Anweisungen, welche der Richter bei der Urteilsfällung beachten muß, zu begreifen suchen. Der Einfachheit halber beschränken wir dabei unsere Darstellung vorläufig auf diejenigen Beweislastregeln, welche bei der Entscheidung der „Hauptsache" zur Anwendung kommen. Wir sehen also vorläufig davon ab, daß doch allererst einmal gewisse prozeßrechtlich normierte Voraussetzungen erfüllt sein müssen, wenn überhaupt ein Privater von dem staatlichen Richter eine solche Entscheidung „zur Hauptsache" soll verlangen können.

Zur Terminologie ist noch zu bemerken, daß wir im folgenden die Beweislastregeln und gesetzlichen Vermutungen von vornherein mit unter die „prozessualen" Normen rechnen. Die sachlichen Gründe dieser Terminologie werden sich im Fortgange der Untersuchung von selbst ergeben.

§ 3.

Das begriffliche Wesen der Beweislastregeln.

I. Die Entscheidung zur Hauptsache bezieht sich auf die Frage, ob ein materielles Rechtsverhältnis, der sog. „Klaganspruch", bestehe oder nicht bestehe. Auch bei der Prozeßentscheidung handelt es sich also prinzipiell um die gleiche Frage, welche sich jeder beliebige Privatmann außerhalb des Prozesses so häufig vorzulegen hat, wenn er seinen rechtlichen Verpflichtungen nachkommen, von seinen Rechten Gebrauch machen will.

1. Wir legen uns daher zunächst ganz allgemein, ohne Rücksicht auf die Normen irgend eines Prozeßverfahrens die Frage vor: woran erkennen wir, ob ein bestimmtes Rechtsverhältnis bestehe oder nicht bestehe?

Das „Bestehen" eines Rechtsverhältnisses ist kein empirisch wahrnehmbarer Zustand, wie etwa das Dasein eines vor uns stehenden Baumes. Auch die „Entstehung“ und die „Aufhebung“ eines Rechtsverhältnisses sind keine anschaulich wirklichen Ereignisse, wie das Umstürzen eines Baumes oder die Geburt eines Menschen. Wir können Eintritt, Bestehen und Erlöschen eines Rechtsverhältnisses nicht durch unsere Sinne wahrnehmen, sondern nur als logische Folge gewisser Prämissen erkennen.

Die Voraussetzungen nun, nach welchen wir fragen müssen, wenn wir den Schluß auf den Eintritt, das Bestehen oder das Erlöschen eines materiellen Rechtsverhältnisses vollziehen wollen, entnehmen wir den Vorschriften des materiellen Rechts. Genauer: wir lesen im Gesetz, welche abstrakten Gattungsbegriffe (gesetzlichen Tatbestandsmerkmale) in konkreten wirklichen Ereignissen und Zuständen (Tatsachen) gegeben sein müssen, soll die Annahme des Eintritts, des Bestehens, des Erlöschens eines Rechtsverhältnisses als zureichend begründet erscheinen. Und wir können den Schluß auf das Bestehen eines Rechtsverhältnisses nur dann vollziehen, wenn wir uns überzeugt haben, daß diese als gesetzliche Tatbestandsmerkmale fungierenden Gattungsbegriffe auch sämtlich in den von uns mittelbar oder unmittelbar wahrgenommenen wirklichen Tatsachen gegeben sind. Sobald wir entdecken, daß statt eines solchen zum gesetzlichen Tatbestande gehörigen Gattungsbegriffes dessen Gegenteil gegeben, mithin der zum gesetzlichen Tatbestand gehörige Gattungsbegriff selbst nicht gegeben ist, so wissen wir auch, daß jetzt das in Frage kommende Rechtsverhältnis nicht besteht.

2. Die Erkenntnis des Bestehens oder Nichtbestehens eines Rechtsverhältnisses ist ein psychischer Vorgang, der im Bewußtsein des urteilsprechenden Richters in derselben Weise wie außerhalb des Prozesses in der rein materiellrechtlichen Betrachtung vor sich geht. Gleichwohl tritt infolge des Eingreifens besonderer prozessualer Vorschriften bisweilen der Fall ein, daß der Richter ein positiv oder negativ feststellendes Prozeßurteil auch dann auszusprechen hat, wenn diese positive oder negative Feststellung für die logisch-materiellrechtliche Erwägung völlig unbegründet ist. Ursprung und Inhalt dieser Unterschiede zwischen der Rechtserkenntnis außerhalb des Prozesses und der Rechtsfeststel-

lung innerhalb des Prozesses sind im folgenden näher darzulegen.

II. 1. Der quivis ex populo beantwortet die Frage nach dem Bestehen eines materiellen Rechtsverhältnisses lediglich nach Maßgabe derjenigen materiellen Rechtsnormen, welche die Voraussetzungen bestimmen, die zutreffen müssen, wenn das in Frage stehende Rechtsverhältnis bestehen soll. An irgend welche „Beweislastregeln“ ist er hierbei nicht gebunden.

2. Der quivis ex populo kann die Frage nach dem Bestehen eines Rechtsverhältnisses auf dreierlei Weise beantworten. Seine Antwort kann lauten: das Rechtsverhältnis besteht, das Rechtsverhältnis besteht nicht, oder endlich: es ist mir zweifelhaft geblieben, ob das Rechtsverhältnis besteht oder nicht besteht.

a) Er wird das Bestehen des Rechtsverhältnisses bejahen, wenn er zu der Überzeugung gelangt, daß sämtliche Voraussetzungen zutreffen, an welche das Bestehen des Rechtsverhältnisses geknüpft ist.

b) Er wird umgekehrt das Bestehen des Rechtsverhältnisses verneinen, sobald er zu der Überzeugung gelangt, daß irgendeine materiellrechtliche Voraussetzung des Bestehens dieses Rechtsverhältnisses nicht zutrifft.

c) Er wird weder eine positive noch eine negative Antwort geben, solange er bezüglich einer materiellen Rechtsvoraussetzung weder weiß, daß sie tatsächlich zutrifft, noch daß sie tatsächlich nicht zutrifft.

In diesem letzteren Falle kann er eine bestimmte Antwort nicht geben; das verbietet ihm die Logik. In diesem Falle braucht er aber auch keine positive oder negative Antwort zu geben, da eben, wenn die Natur der Sache allein entscheidet, auf eine Frage immer drei Antworten, zwei bestimmte und eine unbestimmte, möglich sind.

III. 1. Ganz anders wenn — durch den Klagantrag eines Zivilprozesses — an den urteilsprechenden Richter die Frage gestellt wird, ob ein Rechtsverhältnis besteht. Entgegen der Natur der Sache darf nämlich der Zivilrichter auf diese Frage nicht drei, sondern nur zwei verschiedene Antworten geben. Kommt es überhaupt zu einer Entscheidung der Hauptsache, so darf der Zivilrichter nur noch entweder den

Beklagten verurteilen oder die Klage „als unbegründet“ abweisen. Die erste dieser Entscheidungen bedeutet die — demnächst rechtskräftige — Feststellung, daß der „durch die Klage erhobene Anspruch“ bestehe; die zweite die — gleichfalls demnächst rechtskräftige — Feststellung, daß der Klaganspruch nicht bestehe; § 322 ZPO. Der Zivilrichter darf also, — wenn wir nur die rechtliche Bedeutung seiner Aussprüche ins Auge fassen[3]), — in der Entscheidung zur Hauptsache nur noch sagen: das in Streit befangene Rechtsverhältnis besteht, oder das Rechtsverhältnis besteht nicht; er darf dem rechtsuchenden Privaten nicht ein non liquet entgegenhalten; er darf nicht sagen: es ist zweifelhaft geblieben, ob der Klaganspruch besteht oder nicht besteht.

2. Diese Regelung bewirkt, daß der urteilende Richter die Entscheidung zur Hauptsache, obwohl es sich um ein materielles Rechtsverhältnis handelt, nicht in allen Fällen dem materiellen Recht entnehmen kann, sondern daneben in bestimmten Fällen auch bei der Entscheidung zur Hauptsache gewisse prozeßrechtliche Normen anwenden muß.

Erst durch das Eingreifen dieser prozessualen Normen wird der Konflikt gehoben, in welchen sonst der Richter in allen den Fällen geraten würde, in denen weder das Zutreffen noch das Nichtzutreffen einer materiellrechtlichen Voraussetzung des streitigen Rechtsverhältnisses prozessual festgestellt werden kann. In diesen Fällen ist nämlich nach materiellrechtlicher Betrachtung, wie wir sahen, die Feststellung des Bestehens des Rechtsverhältnisses ebenso unbegründet wie die Feststellung seines Nichtbestehens. Schreibt das Prozeßrecht dem Richter gleichwohl vor, in allen Fällen entweder die eine oder die andere Entscheidung zu treffen, so muss es ihm auch eine Anweisung darüber geben, welche von beiden Entscheidungen dann getroffen werden soll, wenn materiellrechtlich jede von beiden als unbegründet und nur das non liquet als begründet erscheint.

IV. Zu diesen dem urteilenden Richter vom Prozeßrecht an die Hand gegebenen Anweisungen gehören alle diejenigen Regeln, welche in Gesetz, Wissenschaft und Praxis als „Beweislastregeln“ oder „Regeln der Beweislastverteilung“ bezeichnet werden.[4])

1. So schreibt z. B. die materiellrechtliche Norm des § 280, I BGB. vor, daß der Schuldner schadensersatzpflichtig sein soll unter der Voraussetzung, daß „die Leistung infolge eines von dem Schuldner zu vertretenden Umstandes unmöglich wird".

Gemäß dieser materiellen Rechtsnorm muß die prozessuale Feststellung des Zutreffens dieser Voraussetzung die Folge haben, daß nun nach Feststellung der übrigen Anspruchsvoraussetzungen das Bestehen des Schadensersatzanspruches urteilsmäßig festzustellen ist. Ebenso zweifellos führt die prozessuale Feststellung des Nichtzutreffens dieser Voraussetzung die entgegengesetzte Prozeßentscheidung herbei. Wie aber, wenn weder das Zutreffen noch das Nichtzutreffen dieser Voraussetzung festgestellt wird? Für diesen Fall bestimmt die ausdrückliche „Beweislastregel", des § 282 BGB. folgendes:

„Ist streitig, ob die Unmöglichkeit der Leistung die Folge eines von dem Schuldner zu vertretenden Umstandes ist, so trifft die Beweislast den Schuldner." Diese Vorschrift hat den Sinn, daß die positive Feststellung des Bestehens der Schadensersatzverpflichtung auch dann erfolgen soll, wenn zweifelhaft bleibt, ob ein vom Schuldner zu vertretender oder ein vom Schuldner nicht zu vertretender Umstand die Unmöglichkeit der Leistung herbeigeführt hat.

Umgekehrt würde der Richter bei gleichem Tatbestande das Nichtbestehen des Schadensersatzanspruches urteilsmäßig feststellen müssen, wenn die Beweislastregel des § 282 BGB. nicht den Schuldner, sondern den Gläubiger für „beweispflichtig" erklären würde.

2. Jede solche „Beweislastregel" enthält sonach eine Vorschrift darüber, welche Entscheidung getroffen werden soll, wenn weder das Zutreffen noch das Nichtzutreffen einer materiellen Voraussetzung des streitigen Rechtsverhältnisses prozessual festgestellt werden kann. Es ist lediglich eine Frage des positiven Rechts, ob die Beweislastregel für diesen Tatbestand die Feststellung des Bestehens oder die Feststellung des Nichtbestehens des streitigen Rechtsverhältnisses vorschreibt. Oft genug stehen beide Regelungen dicht nebeneinander.

So hat der Richter gemäß den Beweislastregeln des

§ 345 BGB. bei sonst gleichem Tatbestande in entgegengesetzter Weise zu entscheiden, je nachdem es sich um eine Handlungs- oder eine Unterlassungspflicht handelt. Verlangt nämlich ein klagender Gläubiger von seinem Schuldner die Zahlung einer angeblich verwirkten Nichterfüllungsstrafe, und bleibt nun im Prozesse die Frage zweifelhaft, ob der Schuldner seine erste Verbindlichkeit erfüllt oder nicht erfüllt habe, — so hat jetzt der Richter diesem gleichen Tatbestande gegenüber eine andere Entscheidung zu fällen, wenn die erstgeschuldete Leistung in einem Handeln besteht, eine andere, wenn die erstgeschuldete Leistung in einem Unterlassen besteht. Er hat im ersten Falle die Verpflichtung des Schuldners zur Zahlung der verwirkten Strafe durch Urteil festzustellen, obwohl nicht feststeht, daß dieser seine Handlungsverbindlichkeit nicht erfüllt hat. Er hat im zweiten Falle die entgegengesetzte Entscheidung zu treffen, obwohl nicht feststeht, daß der Schuldner seine Unterlassungsverbindlichkeit erfüllt hat. Der Wortlaut des § 345 drückt beide Regeln kurz, aber ziemlich unverständlich dadurch aus, daß er sagt, es habe in diesen Fällen „der Schuldner die Erfüllung zu beweisen, sofern nicht die geschuldete Leistung in einem Unterlassen besteht". Das Gesetz müsste statt dessen ausführlicher und verständlicher folgendes sagen:

Bleibt ungewiß, ob der Schuldner seine Verbindlichkeit erfüllt oder nicht erfüllt habe, so ist im Urteil die Verwirkung der Strafe festzustellen, wenn die geschuldete Leistung in einem Handeln besteht, — das Gegenteil, wenn die geschuldete Leistung in einem Unterlassen besteht.

3. Als Träger der „Beweislast" erscheint in der Terminologie des Gesetzes immer diejenige Prozeßpartei, welche eine für ihre materielle Rechtsstellung ungünstige Prozeßentscheidung auch dann erleidet, wenn es zweifelhaft bleibt, ob eine materielle Voraussetzung des streitigen Rechtsverhältnisses zutrifft oder nicht zutrifft. Diese Partei hat ein rechtliches Interesse entweder daran, daß das Zutreffen einer materiellen Voraussetzung, oder daran, daß das Nichtzutreffen einer materiellen Voraussetzung n i c h t u n f e s t g e s t e l l t b l e i b e; dieses rechtliche Interesse wird vom Gesetz als eine „Beweislast" bezeichnet. Zur „Beweislast" steht

je nachdem entweder der als „gesetzliches Tatbestandsmerkmal“ fungierende Gattungsbegriff oder dessen Gegenteil.

V. Prozessuale Anweisungen an den urteilenden Richter sind auch die sog. gesetzlichen Vermutungen oder praesumtiones iuris. [5])

1. So hat die gesetzliche Tatsachenvermutung des § 484 BGB. die Bedeutung einer prozessualen Anweisung, nach welcher der urteilende Richter das Bestehen des Wandlungsanspruchs auch dann feststellen soll, wenn zweifelhaft bleibt, ob ein Hauptmangel schon zu der Zeit vorhanden war, zu welcher die Gefahr auf den Käufer überging.

a) Diese gesetzliche „Tatsachenvermutung“ unterscheidet sich von den schlichten Beweislastregeln des Gesetzes der Sache nach allein dadurch, daß sie nur dann angewendet werden will, wenn das Zutreffen einer andern, nicht schon vom materiellen Recht, sondern erst durch die Vermutungsnorm gesetzten Voraussetzung, — der „Vermutungsbasis“ — feststeht. Nur wenn feststeht, daß der Hauptmangel „innerhalb der Gewährfrist“ sichtbar geworden ist, soll die Feststellung seines Vorhandenseins „zur Zeit des Gefahrübergangs“ auch fehlen dürfen, ohne daß deshalb die urteilsmäßige Feststellung des Wandlungsanspruchs unterbleiben müßte. [6]) [7])

b) Abgesehen von diesem einen Unterschied gleichen sich schlichte Beweislastregel und gesetzliche Tatsachenvermutung vollständig. Insbesondere wollen auch die Vermutungen die in den materiellrechtlichen Normen enthaltenen Anweisungen an den Richter nur ergänzen, nicht aber zu ihnen in Widerspruch treten. Wird prozessual festgestellt, daß der Hauptmangel erst nach der Zeit des Gefahrübergangs entstanden ist, so nützt die Feststellung der Vermutungsbasis — das Sichtbarwerden des Hauptmangels „innerhalb der Gewährfrist“ — dem Käufer nichts. Vielmehr muß trotz der Feststellung der Vermutungsvoraussetzung jetzt gemäß den Normen des materiellen Rechts das Nichtbestehen des Wandlungsanspruchs durch Urteil festgestellt werden; denn die Anweisung der Vermutungsnorm bezieht sich, wie die einer schlichten Beweislastregel, nur auf den Fall, daß es zweifelhaft bleibt, ob der Hauptmangel zur Zeit des Gefahrübergangs vorhanden gewesen ist oder nicht. — Ausdrücklich wird dieser bloß ergänzende Charakter der Vermutungsnorm durch die Vorschrift des § 292 ZPO. bestätigt.

2. a) Auch die gesetzlichen Rechtsvermutungen wollen nur dann angewendet werden, wenn das Zutreffen einer „Vermutungsbasis" feststeht. So ist der Besitz einer beweglichen Sache keine materiellrechtlich notwendige Voraussetzung des Eigentums an der Sache; auch der Nichtbesitzer kann Eigentümer sein; gleichwohl knüpfen die Rechtsvermutungen der §§ 1006, 1362 BGB. ihr Eingreifen an die Feststellung des „Besitzes" (Vermutungsvoraussetzung!).

b) Die Wirkung der gesetzlichen Rechtsvermutungen geht aber über die Wirkung bloßer Beweislastregeln weit hinaus: Jene schreiben die urteilsmäßige Feststellung des Bestehens eines Rechtsverhältnisses (z. B. des Eigentums) trotz Unfestgestelltbleibens sämtlicher materiellen Voraussetzungen dieses Rechtsverhältnisses vor. Die schlichten Beweislastregeln und die gesetzlichen Tatsachenvermutungen dagegen beziehen sich nur auf den Tatbestand des Unfestgestelltbleibens einer einzelnen materiellrechtlichen Voraussetzung des streitigen Rechtsverhältnisses.

c) Im übrigen gilt auch für die gesetzlichen Rechtsvermutungen das Gleiche wie für die gesetzlichen Tatsachenvermutungen. Insbesondere wollen auch die Rechtsvermutungen die Normen des materiellen Rechts nur ergänzen, nicht zu ihnen in Widerspruch treten, wie die sog. praesumtiones iuris et de iure und die gesetzlichen Fiktionen, welche in Wahrheit eine Änderung des materiellen Rechts enthalten.

3. Auch die gesetzlichen Vermutungen lassen sich — wie die schlichten Beweislastregeln — einteilen: in solche, welche den Richter anweisen, das Bestehen eines Rechtsverhältnisses durch Urteil festzustellen, und in solche, welche ihn anweisen, das Nichtbestehen eines Rechtsverhältnisses durch Urteil festzustellen. Der Einfachheit halber wurden bisher nur Beispiele der ersten Art herangezogen; als ein Beispiel für die andere Art der gesetzlichen Vermutung vergleiche man die gesetzliche Rechtsvermutung des § 891 II. BGB.

VI. Der prozessuale Charakter aller dieser Vorschriften, deren rechtliche Bedeutung sich in einer Anweisung an den urteilsprechenden Richter erschöpft, kann füglich nicht bestritten werden.[8]) Sie gelten nur für den Prozeß, während die Normen des materiellen Rechts überall maßgebend sind, wo es im öffentlichen und privaten Leben auf die Frage des Bestehens oder Nichtbestehens eines Rechtsverhältnisses ankommt.

§ 4.

Die Hauptregel der Beweislastverteilung.

I. Die ausdrücklichen Beweislastregeln des Gesetzes verdanken ihre Entstehung dem Umstand, daß bei der Prozeßentscheidung das non liquet ausgeschlossen ist.[9]) Der nämliche Umstand begründet die Notwendigkeit, nach Beweislastregeln auch für alle die Fälle zu suchen, welche im Gesetz nicht ausdrücklich geregelt sind. Denn es kann im Prozesse für jede materielle Voraussetzung des Bestehens eines Rechtsverhältnisses zweifelhaft bleiben, ob sie zutrifft oder nicht zutrifft. Bezüglich einer jeden solchen Voraussetzung erhebt sich somit die Frage: Soll der Richter das Bestehen oder das Nichtbestehen des Rechtsverhältnisses feststellen, wenn zweifelhaft bleibt, ob die materiellrechtliche Voraussetzung zutrifft oder nicht zutrifft. Bezüglich einer jeden solchen Voraussetzung bedarf es also einer „Beweislastregel".

Es erhebt sich daher die dringende Frage nach einem Prinzip, das heißt nach einer allgemeinen Regel der Beweislastverteilung, die überall da anzuwenden ist, wo ihrer Anwendung keine besonderen Gesetzesvorschriften entgegenstehen.

Gibt es eine solche allgemeine Regel der Beweislastverteilung, so erscheinen dann alle bisher erörterten speziellen Beweislastregeln nur noch entweder als Bestätigungen dieser Regel, oder als Ausnahmen von diesem allgemeinen Prinzip.

Gibt es eine solche allgemeine Regel der Beweislastverteilung, so enthält sie auch die Antwort auf die gegenüber einer jeden gesetzlichen „Vermutung" offenbleibende Frage: wen trifft die Beweislast, wenn die Vermutungsbasis unfestgestellt bleibt?[7])

II. Die von der Theorie und Praxis einmütig anerkannte Hauptregel der Beweislastverteilung geht dahin, daß die

Voraussetzungen der Entstehung von Rechtsverhältnissen zur Beweislast des Klägers, die Voraussetzungen der nachträglichen Aufhebung einmal entstandener Rechtsverhältnisse zur Beweislast des Beklagten stehen sollen.

Auch hier soll die Geltung dieser Hauptregel der Beweislastverteilung nicht bestritten werden. Dies allerdings nur unter zwei Bedingungen: Erstens gilt sie nur mit der Beschränkung auf den Klaganspruch selbst, das heißt auf dasjenige Rechtsverhältnis, welches den Streitgegenstand bildet: sie gilt nicht hinsichtlich anderer, für die Prozeßentscheidung nur mittelbar in Betracht kommender Rechtsverhältnisse. Zweitens gilt sie nicht für negative Feststellungsklagen.

Die auch hier als geltend angenommene Hauptregel der Beweislast lautet sonach folgendermaßen:

Wo keine speziellen Beweislastregeln das Gegenteil vorschreiben, stehen bei der Leistungsklage und positiven Feststellungsklage [10]) die Voraussetzungen der Entstehung des Klaganspruches zur Beweislast des Klägers, die Voraussetzungen seiner nachträglichen Aufhebung zur Beweislast des Beklagten.

Oder, wenn wir die unmittelbare, normative Bedeutung dieser Regel allein ins Auge fassen:

Wo keine speziellen Vorschriften das Gegenteil gebieten, hat der Zivilrichter in allen Prozessen das Nichtbestehen des streitigen Rechtsverhältnisses urteilsmäßig festzustellen, wenn zweifelhaft bleibt, ob eine Voraussetzung der Entstehung dieses Rechtsverhältnisses zutrifft oder nicht zutrifft; er hat dagegen das Bestehen des Rechtsverhältnisses urteilsmäßig festzustellen, wenn zweifelhaft bleibt, ob eine Voraussetzung der nachträglichen Aufhebung dieses Rechtsverhältnisses zutrifft oder nicht zutrifft.

Über den legislatorischen Grund dieser Regel und über ihre positiv-rechtliche Begründung sollen im folgenden einige näheren Angaben gemacht werden.

§ 5.

Der legislatorische Grund dieser Regel.

I. 1. Derselbe Umstand, welcher ganz allgemein jeder Beweislastregelung überhaupt zugrunde liegt, — der Ausschluß des non liquet bei der Prozeßentscheidung — muß auch in der Begründung jeder einzelnen Beweislastregel wiederkehren. Daneben bedarf es aber für jede einzelne Beweislastregel noch eines besonderen Grundes dafür, warum von den beiden möglichen Regelungsinhalten gerade dieser und nicht der entgegengesetzte den Vorzug erhalten hat. Dieser Grund liegt bei den meisten bisher erörterten gesetzlichen Vermutungen und speziellen Beweislastregeln in einer vom Gesetzgeber unterstellten abstrakten Wahrscheinlichkeit dafür, daß die „vermutete“ materielle Rechtsvoraussetzung zutrifft, — das Gegenteil des zur „Beweislast“ einer Partei gestellten Gattungsbegriffes gegeben ist.

2. Auf eine solche abstrakte Wahrscheinlichkeit kann der Inhalt unserer allgemeinen Beweislastregel nicht gegründet werden. Da jedes entstandene Rechtsverhältnis auch einmal erlischt, so ist das Nichtzutreffen der Aufhebungsvoraussetzungen eines einmal entstandenen Rechtsverhältnisses in abstracto um nichts wahrscheinlicher, als ihr Zutreffen; trotzdem weist die als geltend unterstellte prozessuale Norm den Prozeßrichter an, das Bestehen des Rechtsverhältnisses festzustellen, solange nicht das Zutreffen einer Aufhebungsvoraussetzung prozessual festgestellt ist.

Der Inhalt unserer allgemeinen Beweislastregel braucht aber auch gar nicht auf eine solche willkürlich unterstellte abstrakte Wahrscheinlichkeit gegründet zu werden; er wird durch ein ganz anderes Verhältnis gerechtfertigt. Wir brauchen nämlich nur den I n h a l t des zur Hauptsache entscheidenden Prozeßurteils in seine beiden logischen Bestandteile zu zerlegen, so wird die ratio unserer allgemeinen Beweislastregel sogleich deutlich hervortreten.

II. 1. Die Entscheidung zur Hauptsache bedeutet, wie schon oben S. 5 ff. erwähnt, die autoritative Feststellung des „Bestehens“ oder „Nichtbestehens“ eines Rechtsverhältnisses. Am gleichen Orte wurde bereits dargetan, daß wir das „Bestehen“ eines Rechtsverhältnisses als logische Folge eines abstrakten Tatbestandes erkennen. Nun ist aber, was oben noch nicht hervorgehoben wurde, das „Bestehen“ eines Rechtsverhältnisses nicht die unmittelbare Folge eines Tatbestandes, sondern erst die sekundäre, mittelbare Folge des Umstandes, daß eine erste Rechtsfolge (die Entstehung des

Rechtsverhältnisses) gegeben, eine zweite Rechtsfolge (die Aufhebung des Rechtsverhältnisses) nicht gegeben ist.

Hieraus ergibt sich für den Zivilrichter, welcher in der Entscheidung zur Hauptsache das Bestehen oder Nichtbestehen eines Rechtsverhältnisses durch Urteil feststellen soll, folgende Sachlage:

Das Bestehen des Rechtsverhältnisses ist materiellrechtlich nur begründet, wenn erstens das Zutreffen aller seiner Entstehungsvoraussetzungen und zweitens überdies noch das Nichtzutreffen aller seiner Aufhebungsvoraussetzungen feststeht.

Das Nichtbestehen des Rechtsverhältnisses anderseits ist materiellrechtlich nur begründet, wenn entweder das Nichtzutreffen einer Entstehungsvoraussetzung oder das Zutreffen einer Aufhebungsvoraussetzung feststeht.

Unrichtig ist es also, wenn man bisher eigentlich immer nur den zweiten Teil unserer Hauptregel, — die Beweislast des Beklagten für die Aufhebungsvoraussetzungen, — für erklärungsbedürftig angesehen hat. Das P r o z e ß - u r t e i l, welches mangels der Feststellung des Zutreffens einer Entstehungsvoraussetzung die Klage als unbegründet abweist und damit das Nichtbestehen des Klaganspruchs feststellt, — ist l o g i s c h u n d m a t e r i e l l r e c h t l i c h genau so unbegründet, wie dasjenige Prozeßurteil, welches mangels der Feststellung einer Aufhebungsvoraussetzung das Bestehen des Klaganspruchs feststellt. Die sog. „primäre Beweispflicht des Klägers" versteht sich, was die Entscheidung zur Hauptsache betrifft, [11]) durchaus nicht von selbst. Selbstverständlich ist nur, daß das Nichtbestehen des Klaganspruchs festgestellt werden muß, wenn das Nichtzutreffen einer Entstehungsvoraussetzung prozessual feststeht. Keineswegs selbstverständlich ist, daß die gleiche Entscheidung auch dann getroffen werden müßte, wenn bloß das Zutreffen einer Entstehungsvoraussetzung prozessual nicht feststeht.

Mag also die Frage des Zutreffens oder Nichtzutreffens einer Entstehungsvoraussetzung oder einer Aufhebungsvoraussetzung unentschieden bleiben, und mag dann in dem einen oder anderen Falle das Urteil zugunsten des Klägers oder zugunsten des Beklagten ausfallen, — in allen vier Fällen wird stets das zur Hauptsache entscheidende Prozeßurteil logisch und materiellrechtlich unbegründet sein. Begründet wäre hier überall nur die Erklärung des non liquet.

Nur eine Forderung erscheint bei dieser Sachlage begründet. Das ist die an die Gesetzgebung zu stellende Forderung einer grundsätzlich gleichen Behandlung aller derjenigen, für welche die Entstehung oder das Erlöschen, die Nichtentstehung oder das Nichterlöschen eines in Streit befangenen Anspruchs autoritativ festgestellt wird.

2. Die Anwendung dieses Grundsatzes führt zu verschiedenen Ergebnissen bei der positiven Feststellungs- und Leistungsklage eineseits, bei der negativen Feststellungsklage anderseits:

a) Das Prozeßurteil, durch welches eine Leistungsklage oder eine positive Feststellungsklage als unbegründet abgewiesen wird, enthält die nämlichen Feststellungen, wie ein Prozeßurteil, welches dem Klageantrag einer negativen Feststellungsklage entspricht. Es stellt fest: Der Klaganspruch ist entweder nicht entstanden, oder zwar entstanden aber bereits wieder erloschen.[12])

Ingleichen enthält das Prozeßurteil, welches dem Klagantrag einer Leistungsklage oder einer positiven Feststellungsklage entspricht, die nämlichen Feststellungen, wie ein Prozeßurteil, welches eine negative Feststellungsklage als unbegründet abweist. Es stellt fest: Der Klaganspruch ist entstanden und noch nicht erloschen.

b) Bei der Entscheidung zur Hauptsache erscheint somit der positive Feststellungs- und Leistungskläger als positiver Feststellungbegehrer nur bezüglich der Entstehung des Klaganspruchs. Er erscheint dagegen als negativer Feststellungbegehrer bezüglich des Erlöschens des Klaganspruchs. Der Beklagte dagegen erscheint als negativer Feststellungbegehrer bezüglich der Entstehung des Klaganspruchs, als positiver Feststellungbegehrer bezüglich des Erlöschens des Klaganspruchs.

Entsprechendes gilt umgekehrt für den Kläger und den Beklagten der negativen Feststellungsklage.

In ihrem materiellen Feststellungbegehren stehen sich somit der positive Feststellungs- und Leistungskläger und der negative Feststellungsbeklagte, — der positive Feststellungs- und Leistungsbeklagte und der negative Feststellungskläger völlig gleich.

c) Bei dieser Sachlage ergibt die Anwendung des oben aufgestellten Grundsatzes für die positive Feststellungs- und Leistungsklage gerade diejenige Regelung, welche in unserer Hauptregel der Beweislastverteilung ausgedrückt ist; nämlich eine Beweislast

des Klägers für die Entstehungsvoraussetzungen,
des Beklagten für die Aufhebungsvoraussetzungen.

d) Dagegen ergibt sich aus der Anwendung des gleichen Grundsatzes das entgegengesetzte Resultat für die negative Feststellungsklage; nämlich eine Beweislast

des Beklagten für die Entstehungsvoraussetzungen,
des Klägers für die Aufhebungsvoraussetzungen.

§ 6.

Die positive Geltung dieser Regel.

I. Die gesuchte Hauptregel der Beweislastverteilung ergab sich für uns aus dem Zusammenwirken zweier Momente: einmal daraus, daß ein jedes Prozeßurteil entweder das Bestehen eines Rechtsverhältnisses oder dessen Nichtbestehen formell feststellen muß; zum andern daraus, daß der Inhalt dieser Feststellung des Prozeßurteils ein zusammengesetzter ist, der sich in zwei einfachere Elemente auflösen läßt. [13])

Aus dem Zusammenwirken beider Momente ergab sich jedoch nur eine legislatorische Begründung unserer Regel, nicht etwa zugleich auch die Begründung ihrer positivrechtlichen Geltung. [14])

II. Die positiv-rechtliche Geltung unseres Satzes beruht auf Gewohnheitsrecht. [15])

Unser Satz ist nicht jus scriptum, insbesondere nicht Inhalt des Bürgerlichen Gesetzbuchs, [16]) und die Behauptung, es spreche für das Fortbestehen des einmal entstandenen Klaganspruchs eine rechtliche Vermutung, [17]) diese Behauptung enthält keine Begründung unseres Satzes, sondern nur seine wiederholte Aufstellung; — denn die Geltung einer rechtlichen Vermutung bedarf genau ebenso erst noch der positiv-rechtlichen Begründung wie die Geltung irgendeiner anderen Beweislastverteilungsnorm. [18]) Unser Satz gilt mithin entweder gewohnheitsrechtlich, oder aber er gilt überhaupt nicht; im letzteren Falle enthielte unser Prozeßrecht eine bedauerliche Lücke.

III. Die Verteilung der Beweislast bei der negativen Feststellungsklage entbehrt sowohl der gesetzlichen[19] wie der gewohnheitsrechtlichen Normierung.[19a]

§ 7.

Sonstige allgemeine Regeln der Beweislastverteilung?

I. Die jetzt von Leonhard am konsequentesten durchgeführte „Leugnungstheorie" erkennt neben unserer Hauptregel der Beweislastverteilung keine allgemeinen Verteilungsregeln mehr an. Sie stellt sämtliche Entstehungsvoraussetzungen zur Beweislast des Klägers, sämtliche Aufhebungsvoraussetzungen zur Beweislast des Beklagten.

Dieser Leugnungstheorie gegenüber stehen die verschiedenen Spielarten der „Einredetheorie". Diese wollen nicht nur die Voraussetzungen der nachträglichen Aufhebung des streitigen Rechtsverhältnisses, sondern überdies noch das Gegenteil eines — nach verschiedenen Gesichtspunkten bestimmten — Teils der Entstehungsvoraussetzungen zur Beweislast des Beklagten und entsprechend das Gegenteil eines Teils der Aufhebungsvoraussetzungen zur Beweislast des Klägers stellen.[20]

II. Wie Leonhard zwingend dargelegt hat, scheitert jeder Versuch zur Begründung einer Einredetheorie unvermeidlich an der Unmöglichkeit, allgemein für alle Rechtsverhältnisse eine feste Grenze zu bestimmen, diesseits deren die Entstehungsvoraussetzungen zur Beweislast des Klägers, jenseits welcher aber das Gegenteil der Entstehungsvoraussetzungen zur Beweislast des Beklagten steht. — Die Widerlegung der Gründe, welche heute noch für die Einredetheorie und gegen die Leugnungstheorie zu sprechen scheinen, kann erst weiter unten gegeben werden.[21]

Dagegen läßt sich im einzelnen darüber streiten, inwieweit das BGB. durch spezielle Beweislastregeln für bestimmte einzelne Rechtsverhältnisse das Gegenteil gewisser Entstehungsvoraussetzungen zur Beweislast des Beklagten, das Gegenteil gewisser Aufhebungsvoraussetzungen zur Beweislast des Klägers gestellt hat.

§ 8.

Die Regelung der Beweislast mit Bezug auf die Prozessvoraussetzungen.

I. Neben den „Beweislastregeln", welche bei der Entscheidung zur Hauptsache in Anwendung kommen, gibt es auch solche, welche schon bei der — nach der Logik des Prozesses vor dieser Sachentscheidung zu treffenden — Entscheidung über die Prozeßvoraussetzungen zur Anwendung kommen. Diese Beweislastregeln haben wir bisher unberücksichtigt gelassen und können sie auch an dieser Stelle nur streifen. Die ganze Lehre ist für eine erschöpfende Behandlung noch nicht reif. [22]) Wir müssen uns daher hier auf folgende wenige Hinweise beschränken.

II. Der Grund dieser Regeln ist der gleiche wie der Grund der bisher erörterten Beweislastregeln. Wir brauchen nur an die Stelle der „Notwendigkeit einer alternativen Sachentscheidung" die „Notwendigkeit einer alternativen Entscheidung darüber, ob eine Sachentscheidung überhaupt sattfinden soll", — und an die Stelle der „materiellrechtlichen Normen" diejenigen „prozessualen Normen" einzusetzen, „welche den Inhalt der Prozeßvoraussetzungen bestimmen". Dann gelten mutatis mutandis die nämlichen Erwägungen, welche oben im § 3 dieser Abhandlung ausführlich dargestellt worden sind.

Dabei bezeichnen wir als Prozeßvoraussetzungen diejenigen Voraussetzungen, von denen es abhängt, ob der Richter eines Zivilprozesses eine Entscheidung zur Hauptsache erteilt oder versagt. [23])

1. Wie das bloße materiellrechtliche „Bestehen" des materiellen Klageanspruches, ohne die prozessuale Feststellung des Zutreffens eines Teils seiner materiellen Voraussetzungen, keine Verpflichtung des Richters zur urteilsmäßigen Feststellung dieses materiellen Rechtsverhältnisses begründen kann, — so ist auch das bloße — prozessual noch nicht festgestellte — „Zutreffen" der Prozeßvoraussetzungen nicht ausreichend, um die Verpflichtung des Richters zur Fällung einer „Sachentscheidung überhaupt" zu begründen. „Der Prozeß selbst hat über die Evidenz der Prozeßvoraussetzungen ebensogut zu entscheiden, wie-

über das Vorliegen der materiellrechtlichen Voraussetzungen für eine dem Kläger günstige Sachentscheidung." [24])

2. a) Wird festgestellt, daß sämtliche Prozeßvoraussetzungen zutreffen, so hat der Richter eine Sachentscheidung unter allen Umständen zu fällen.

b) Anderseits hat der Richter von der Fällung einer Sachentscheidung jedenfalls dann Abstand zu nehmen, wenn prozessual feststeht, daß eine solche Prozeßvoraussetzung nicht zutrifft; so z. B. wenn die ausschließliche Zuständigkeit eines andern als des angegangenen Gerichts festgestellt ist; oder wenn festgestellt wurde, daß die Klage dem Beklagten nicht zugestellt worden ist.

Auch eine solche Ablehnung jeder sachlichen Entscheidung stellt selbst schon eine Entscheidung dar. Diese Formalentscheidung ist rechtlich nachteilig derjenigen Partei, welche ein rechtliches Interesse daran hat, daß überhaupt eine sachliche Entscheidung gefällt werde.

c) Auch hinsichtlich dieser Prozeßvoraussetzungen erhebt sich aber — gerade wie hinsichtlich der materiellen Rechtsvoraussetzungen, — eine dritte Frage des Inhalts: Hat der Richter die eine oder die andere Entscheidung zu treffen, wenn zweifelhaft bleibt, ob eine Prozeßvoraussetzung zutrifft oder nicht zutrifft? Diejenigen prozessualen Regeln, welche diese Frage beantworten, bilden eine weitere, zu den bisher erörterten hinzutretende, Gruppe der Beweislastregeln.

3. Diese neue Gruppe von Beweislastregeln verhält sich zu denjenigen prozessualen Normen, welche den Inhalt der Prozeßvoraussetzungen bestimmen, gerade so wie die bisher erörterten Beweislastregeln zu den Normen des materiellen Rechts. Die jetzt zu erörternden Regeln bilden mithin, im Gegensatz zu den in den §§ 1—7 erörterten Beweislastregeln, keine Ergänzung des materiellen Rechts. Vielmehr dienen sie zur Ergänzung derjenigen — gleichfalls schon prozeßrechtlichen — Normen, welche den Inhalt der Prozeßvoraussetzungen bestimmen.

III. 1. Enthält nun unsere ZPO. derartige Beweislastregeln?

Wollen wir diese Frage beantworten, so müssen wir dabei eines im Auge behalten: Die gesuchten Normen brauchen nicht gerade von einer „Beweislast" zu reden. Im Gegenteil wurde diese Bezeichnung oben von uns als unpraktisch und irreführend verworfen. Wir müssen uns also, ohne uns an den Ausdruck der Beweislast zu binden, nach solchen prozessualen Normen umsehen, welche für den Tatbestand, daß die Frage des Zutreffens oder Nichtzutreffens einer Prozeßvoraussetzung unentschieden bleibt, entweder die Fällung einer Sachentscheidung, oder die Abweisung eines Antrags auf Sachentschädigung vorschreiben.

2. Eine solche — vielleicht nicht die einzige [25]) — Norm finden wir im § 335 ZPO., welcher besagt:

„Der Antrag auf Erlassung eines Versäumnisurteils ist zurückzuweisen, wenn die erschienene Partei die vom Gerichte wegen eines von Amtswegen zu berücksichtigenden Umstandes erforderte Nachweisung nicht zu beschaffen vermag."

IV. Aus welchen Gründen können wir diese Norm als eine den bisher besprochenen „Beweislastregeln" wesensgleiche Norm ansehen?

1. Das Versäumnisurteil ist eine Entscheidung zur Hauptsache. Das gegen den Beklagten gefällte Versäumnisurteil enthält eine Verurteilung, das gegen den Kläger gefällte eine Abweisung „als unbegründet". Der Antrag auf Erlaß eines Versäumnisurteils ist also ein Antrag, durch welchen eine Sachentscheidung verlangt wird; die Abweisung dieses Antrags erscheint infolgedessen als eine formale Ablehnung der Sachentscheidung überhaupt.

2. Nicht alle Prozeßvoraussetzungen sind „von Amtswegen" festzustellen. Wohl aber stellen umgekehrt alle von Amtswegen zu berücksichtigenden Umstände Prozeßvoraussetzungen dar, und diese von Amtswegen zu berücksichtigenden Prozeßvoraussetzungen bilden sogar einen erheblichen Teil aller Prozeßvoraussetzungen überhaupt. So hat z. B. gemäß § 56 ZPO. das Gericht den Mangel der Parteifähigkeit, der Prozeßfähigkeit, der Legitimation eines gesetzlichen Vertreters und der erforderlichen Ermächtigung zur Prozeßführung „von Amtswegen" zu prüfen.

3. Es knüpft somit der § 335 an den Tatbestand des Unfestgestelltbleibens gewisser Prozeßvoraussetzungen die Folge, daß der Richter den Antrag auf Entscheidung zur

Hauptsache ablehnen muß. Der Richter muß infolgedessen die gleiche Entscheidung, welche er fällen würde, wenn das Nichtzutreffen dieser Prozeßvoraussetzungen prozessual feststünde, auch dann fällen, wenn nur das Nichtzutreffen dieser Prozeßvoraussetzungen prozessual nicht feststeht; er hat die Entscheidung zur Hauptsache nur zu fällen, wenn das Zutreffen dieser Prozeßvoraussetzungen prozessual feststeht. Er entscheidet somit nach Anweisung einer „Beweislastregel".

4. Wollte das Gesetz die Norm des § 335 auch in der Form einer Beweislastregel ausdrücken, so müßte es sagen:

Im Versäumnisverfahren trägt die erschienene Partei hinsichtlich der von Amtswegen zu berücksichtigenden Umstände die Beweislast.

V. 1. Aus der Norm des § 335 ZPO. folgt a potiore, daß auch bei Erscheinen beider Parteien eine Entscheidung zur Hauptsache solange nicht ergeht, als nicht das Zutreffen aller „von Amtswegen zu berücksichtigenden" Prozeßvoraussetzungen positiv feststeht. Als beweispflichtig hinsichtlich dieser Prozeßvoraussetzungen erscheint daher bei Anwesenheit beider Parteien primär der Kläger, der ja in erster Linie ein rechtliches Interesse daran hat, daß seine Klage nicht ohne Entscheidung zur Hauptsache „als unstatthaft" oder „als unzulässig" abgewiesen wird. [23])

2. Bei der Entscheidung zur Hauptsache sind, wie wir oben gesehen haben, die Parteirollen für die Verteilung der Beweislast gleichgültig; es kommt allein darauf an, wer materiell die Feststellung einer Rechtsfolge (der Entstehung oder der Aufhebung des Klageanspruchs) begehrt.

Anders bei der Entscheidung darüber, ob eine Sachentscheidung überhaupt stattfinden oder nicht stattfinden soll. Hier kommt nicht die materielle, sondern die prozessuale Rechtslage der Parteien in Betracht, und diese prozessuale Rechtslage kommt eben in der „Parteirolle" zum Ausdruck. Hier, bei der Entscheidung darüber, ob eine Sachentscheidung überhaupt stattfinden oder versagt werden solle, gibt es daher auch eine „primäre Beweispflicht des Klägers". Hier steht nicht der Kläger der positiven dem Beklagten der negativen Feststellungsklage gleich. Vielmehr erfahren mit Bezug auf die Prozeßvoraussetzungen der Kläger der positiven und der Kläger der negativen Feststellungsklage und ebenso die Beklagten beider Prozeßarten eine gleiche rechtliche Behandlung.

Zweiter Abschnitt:

Der Beweislast-Begriff.

§ 9.

Vorbemerkungen: Die Beweislast in der ZPO. — Über historisch-dogmatische Fragestellung.

I. Wie das Bürgerliche Gesetzbuch in einigen seiner Vorschriften die Verteilung der „Beweislast" regelt, so spricht auch die geltende deutsche Zivilprozeßordnung in einigen ihrer Bestimmungen von einer „Beweispflicht", von einer „beweispflichtigen" Partei, von einem „dem Kläger obliegenden Beweise" und von einem „dem Beklagten obliegenden Beweise"; vgl. §§ 447, 597, 598, ZPO.

Unsere erste Frage lautet: Was bedeutet vom Standpunkt des geltenden Zivilprozeßrechts und der heutigen Wissenschaft aus der Satz: Es steht in einem Prozesse etwas zur „Beweislast" einer Partei?

II. Wollen wir hierüber zur größtmöglichen Klarheit kommen, so tun wir gut, die heutige Bedeutung des Beweislastbegriffes unter dem Gesichtspunkt einer allmählichen Entwicklung zu untersuchen. Wir fragen also zunächst danach, was man früher unter diesem Ausdruck verstanden hat. Wir fragen aber danach nicht eigentlich aus historischem Interesse; dieses wäre eine Aufgabe für sich. Wir fragen vielmehr nach diesen überwundenen Irrtümern einer noch nicht allzufernen Vergangenheit sogleich im dogmatischen Interesse: um daraus die Wahrheit von heute zu erkennen.

Zum rechten Verständnis dieser Darstellung bedarf es noch einer kurzen Vorbemerkung über die Art und Weise, wie im heutigen Zivilprozesse die Feststellung der erheblichen Tatsachen vor sich geht. In der Anwendung auf das zivilprozessuale Tatsachenfeststellungsverfahren hat sich ja der heutige Beweislastbegriff entwickelt.

§ 10.

Die Tatsachenfeststellung im Zivilprozesse.

I. Für das ordentliche Verfahren unseres Zivilprozesses gilt der Satz: keine prozessuale Tatsachenfeststellung ohne Behauptung. Eine Tatsache muß, um prozessual festgestellt werden zu können, allererst einmal von einer Partei in das Verfahren eingeführt, im Prozesse behauptet werden.

II. Ist die Tatsache behauptet, so bedarf es zu ihrer prozessualen Feststellung regelmäßig noch eines besonderen feststellenden Tatbestandes.

Solcher feststellenden Tatbestände gibt es zwei Arten, die formell feststellenden Tatbestände und die materiell feststellenden Tatbestände.

Formell feststellende Tatbestände sind vor allem das Geständnis, die Nichtbestreitung, die Versäumnis, die Eidesleistung und die Eidesverweigerung; §§ 288, 138 II, 331 I, 463, 464 ZPO.

Materiell feststellender Tatbestand ist die Aufnahme eines der von der ZPO. vorgesehenen Beweise; §§ 355 ff. ZPO. Eine solche Beweisaufnahme erfolgt regelmäßig auf Betreiben der Parteien, §§ 282 ff., ausnahmsweise auch von Amtswegen, § 144 ZPO.

III. Ausnahmsweise bedarf es zur prozessualen Feststellung einer behaupteten Tatsache keines besonderen feststellenden Tatbestandes mehr, weder eines formell feststellenden Tatbestandes, noch einer Beweisaufnahme. In diesen Fällen genügt also zur prozessualen Feststellung einer Tatsache schon ihre B e h a u p t u n g.

Dieses gilt zunächst für die Fälle, in welchen eine behauptete Tatsache „bei dem Gericht offenkundig ist“; § 291 ZPO.

Ferner kann sich die Wahrheit einer Tatsache ohne besonderen feststellenden Tatbestand aus dem „gesamten Inhalt der Verhandlungen“ nach Erfahrungssätzen (praesumtiones facti seu hominis) ergeben; es bedarf ja zur Feststellung der materiellen Wahrheit einer Tatsache nicht notwendig einer besonderen Beweisaufnahme; § 286 ZPO.

IV. Die prozessuale Feststellung einer Tatsache ist nicht in allen Fällen endgültig und unwiderruflich. Nur die durch formell feststellenden Tatbestand herbeigeführte formelle Gewißheit einer Tatsache ist in der Regel endgültig; §§ 290, 463 ZPO. Dagegen kann die durch eine Beweisaufnahme oder eine praesumtio facti begründete materielle Gewißheit einer Tatsache durch einen „Gegenbeweis" wieder beseitigt werden. Hat der Schuldner eine Quittung vorgelegt, so ist durch diesen Urkundenbeweis die Tatsache der Zahlung bis auf weiteres materiell festgestellt; diese Feststellung fällt aber in sich zusammen, wenn demnächst der Gläubiger durch Zeugen beweist, daß er zur Zeit der Ausstellung und Übergabe der Quittung sein Geld noch nicht erhalten hatte. — Ebenso kann die Tatsache, daß der Käufer eines Theaterbillets den Kaufpreis bezahlt hat, zwar ohne besondere Beweisaufnahme als wahr unterstellt werden, weil hier für den Barkauf eine praesumtio facti spricht; die Tatsache der Bezahlung dieses Theaterbillets wird aber wieder ungewiß, wenn der Verkäufer im Wege des Gegenbeweises dartut, daß gerade in diesem konkreten Falle ein Kreditgeschäft abgeschlossen wurde.

V. Feststellungsakte sind die Handlungen, durch welche eine Partei die Feststellung einer Tatsache betreibt; besonders also die Behauptungen, die Beweisführungen, die Eideszuschiebungen; §§ 282, 445 ZPO. Ein „Feststellungsakt" braucht die prozessuale Feststellung einer Tatsache noch nicht zustande zu bringen, sondern nur in die Wege zu leiten oder in irgendeiner Weise zu befördern.

§ 11.

Die beiden ersten Stufen in der literargeschichtlichen Entwicklung des Beweislastbegriffes: Die Beweislast als Notwendigkeit einer Beweisführung und die Beweislast als Notwendigkeit einer Hauptbeweisführung.

I. In der geschichtlichen Entwicklung des Beweislastbegriffes in der neueren Zeit lassen sich vier Stufen unterscheiden. [26])

Einer frühesten, heute für die wissenschaftliche Theorie fast völlig überwundenen Auffassung erschien als „beweispflichtig" jede Partei, welche in die Lage kam, zur Vermeidung eines ihr nachteiligen Urteils eine Beweistätigkeit irgendwelcher Art entfalten zu müssen. Gleichgültig war, ob diese Beweisführung als „Hauptbeweis“ die Feststellung einer bisher unbewiesenen Tatsache bezweckte oder als „Gegenbeweis“ die Folgen einer gelungenen Beweisführung des Gegners oder einer für den Gegner sprechenden praesumtio facti abzuwenden suchte. War dies letztere der Fall, so sprach man davon, daß die Beweislast sich „umgekehrt“ oder „umgedreht“ habe.

II. 1. An diesem Punkte setzte die erste und wichtigste der Unterscheidungen ein, welche heute Gemeingut der Wissenschaft geworden sind. Man erkannte die großen Unterschiede zwischen der Situation des Hauptbeweispflichtigen und der Situation des Gegenbeweispflichtigen, welche es verbieten, beide Situationen mit dem gleichen Namen der „Beweislast“ zu bezeichnen.

Der Hauptbeweis liegt vor allen Beweisen und Beweissurrogaten einer der Parteien, der „eigentlich“ beweispflichtigen Partei ob; er findet also nur statt, solange die Tatsache noch ungewiß ist. Der Gegenbeweis findet erst statt, wenn eine Tatsache bereits bewiesen oder ohne Beweis als wahr angenommen worden ist. Durch den Hauptbeweis soll die bestehende Ungewißheit, durch den Gegenbeweis die bestehende Gewißheit über eine Tatsache beseitigt werden. Der Hauptbeweis ist nur gelungen, wenn er die vorher zweifelhafte Tatsache zur Gewißheit gebracht hat. Der Gegenbeweis braucht nicht gerade das Gegenteil der vorher als gewiß angesehenen Tatsache zur Gewißheit zu bringen; er braucht nur die ursprüngliche Ungewißheit über die behauptete Tatsache wiederherzustellen. Der Hauptbeweis kann unter den Voraussetzungen des § 445 ZPO. durch den formellen Feststellungsakt der Eideszuschiebung ersetzt werden. Der Gegenbeweis kann nach der positiven Vorschrift des § 446 ZPO. niemals durch Eideszuschiebung ersetzt werden.

Angesichts dieser großen Unterschiede hat es keinen Sinn mehr, von einer „Umkehrung“ der Beweislast zu sprechen. Die Beweislast des Gegenbeweispflichtigen ist etwas ganz anderes, als diejenige, welche zuvor dem Hauptbeweispflichtigen oblag. Nur die letztere verdient in Wahrheit den Namen einer „Beweislast“.

2. In den Beweislastbegriff wurde damit ein neues Merkmal aufgenommen: eine behauptete Tatsache muß noch unbe-

wiesen, noch „ungewiß" sein, soll ihretwegen ein Hauptbeweis geführt und somit eine eigentliche „Beweislast" angenommen werden können.

§ 12.

Die dritte und vierte Stufe in der Entwicklung des Beweislastbegriffes: die Beweislast als Notwendigkeit einer subjektiven Feststellungstätigkeit und die Objektivierung des Beweislastbegriffes.

I. 1. Die dritte Stufe in der Entwicklung des Beweislastbegriffes dehnt den auf der zweiten Stufe eingeschränkten Beweislastbegriff nach einer anderen Richtung hin wieder aus.

Man begann jetzt in Rücksicht zu ziehen, daß die Führung eines Hauptbeweises nicht das einzige Mittel darstellt, durch welches im ordentlichen Zivilprozesse eine Partei die Feststellung einer bisher ungewissen Tatsache befördern und zustande bringen kann.

So kam man zur Aufstellung des Begriffes der sog. subjektiven, [27]) prozessualen [28]) oder formellen [29]) Beweislast, welcher besagt, daß eine Partei die Feststellung einer sonst ungewiß bleibenden Tatsache auf irgendeine Weise durch eigene Tätigkeit betreiben muß. [30])

Ehe eine Tatsache bewiesen oder auf andere Weise festgestellt werden kann, muß sie zunächst behauptet werden. Als wichtigste Unterbegriffe der subjektiven oder prozessualen Beweislast erscheinen somit der Begriff der Behauptungslast [31]) oder Anführungslast [32]) einerseits, der Begriff der „Beweislast im engeren Sinne" [31]) anderseits.

Beides, Behauptung und Beweisführung, sind nur zwei verschiedene Mittel zu dem gleichen Zwecke der Feststellung einer sonst ungewiß bleibenden Tatsache. Je nach dem derzeitigen Stand eines konkreten Prozesses muß dieser Zweck bald durch Parteibehauptung, bald durch Parteibeweis gefördert werden. — In diesem Sinne hat man gesagt, daß die „Beweislast" der „Behauptungslast" folge.

Auf dieser Stufe erscheint also die Situation der „Notwendigkeit eines Hauptbeweises" nur noch als besonderer Fall der allgemeineren Situation der „Notwendigkeit einer Feststellungstätigkeit (Behauptung oder Beweisführung)".

2. Zur vollständigen Beschreibung des Beweislastbegriffes gehörten mithin auf dieser Stufe folgende beiden Begriffsmerkmale:

a) Die Notwendigkeit einer von der Partei ausgehenden Feststellungstätigkeit (Behauptung oder Beweisführung),

b) das Bevorstehen der nachteiligen Prozeßentscheidung für den Fall, daß die Tatsache ungewiß (unbehauptet oder unbewiesen) bleibt.

II. 1. Und jetzt ereignete sich das Merkwürdige, daß jenes erste, ursprünglich einzige Merkmal, die „Notwendigkeit einer von der Partei ausgehenden Feststellungstätigkeit (Beweisführung)", allmählich mehr und mehr in den Hintergrund trat und schließlich gar gänzlich aufhörte, zu den Begriffsmerkmalen der „Beweislast" zu gehören.

Es kam nämlich jetzt — zunächst neben dem Begriff der subjektiven oder prozessualen Beweislast und im Gegensatz zu diesem; schließlich, bei Leonhard, als einziger Beweislastbegriff — ein neuer, abstrakterer Begriff in Aufnahme: der Begriff der „objektiven"[27]) oder „materiellen"[28])[29]) Beweislast oder „Feststellungslast".[33])

Dieser neue Begriff ist nun gar nicht mehr darauf abgestellt, daß die zur Beweislast stehende Tatsache von der „belasteten" Partei auch wirklich in allen Fällen solle behauptet oder bewiesen werden müssen. Bei dem Gebrauche dieses Begriffes wird völlig davon abgesehen, ob nach der besonderen Prozeßlage für eine Partei die praktische Notwendigkeit entstanden ist, die bisher nicht festgestellte Tatsache zu behaupten und zu beweisen. Auch wenn dieses nicht der Fall ist und gleichwohl im Falle des Unfestgestelltbleibens der Tatsache der Prozeß zu ungunsten einer Partei entschieden werden muß, — auch dann soll, lediglich des letzteren Umstandes halber gesagt werden können, diese Tatsache stehe zur „Beweislast" der betreffenden Partei.

Dieser — bisher letzte — Beweislastbegriff bezieht sich also nur noch auf die prozessualen Folgen der verbleibenden Ungewißheit über eine Tatsache. Wer da sagt, daß eine Partei infolge der Nicht-Feststellung einer Tatsache im Prozesse unterliegen würde, sagt eben dadurch, daß hinsichtlich dieser Tatsache jene Partei die „Beweislast" trägt.

2. Die so definierte „Beweislast" läßt sich vom Standpunkt der belasteten Partei aus einerseits als eine rechtliche Gefahr, anderseits als ein rechtliches Interesse auffassen:

a) Führen die konkreten Beweisakte und sonstigen Feststellungsakte (Behauptungen, Eideszuschiebungen usw.) nicht zur Feststellung der Tatsache, so hat den Schaden davon die belastete Partei. In diesem Sinne trägt sie die „Gefahr" sämtlicher auf diese Tatsache bezüglichen Feststellungsakte, — mögen nun diese Akte von ihr selbst ausgehen oder von der Gegenpartei oder auch vom Richter „von Amtswegen" vorgenommen werden. In jedem Falle trägt die belastete Partei bezüglich dieser Akte das „Feststellungsrisiko". [34])

b) Die Partei, welche rechtliche Nachteile für den Fall des Unfestgestelltbleibens einer Tatsache zu gewärtigen hat, ist eben deshalb an dem entgegengesetzten Ergebnis interessiert. Sie hat ein Interesse daran, daß durch die konkreten Feststellungsakte die Tatsache festgestellt werde; wiederum ohne Rücksicht darauf, ob diese Feststellungsakte von ihr selbst ausgehen oder von der Gegenpartei oder vom Richter.

§ 13.
Die heutige Bedeutung des zivilprozessualen Beweislastbegriffes.

I. 1. Der Satz: die Tatsache a steht zur Beweislast der Partei A, — läßt sich unter Zugrundelegung des objektiven Beweislastbegriffes in zwei Bestandteile auflösen, in einen bedingenden Nebensatz und in einen bedingten Hauptsatz. Wir erhalten so das Satzgefüge:

Wenn die Tatsache a unfestgestellt (ungewiß) bleibt, ergeht die Prozeßentscheidung zu ungunsten der Partei A.

2. Dieser objektive Beweislastbegriff stellt eine Weiterentwicklung des subjektiven Beweislastbegriffes dar. Er muß sich also von diesem in gewissen Beziehungen unterscheiden, mit ihm aber in gewissen anderen Beziehungen übereinstimmen. Im folgenden sind unter II. die Unter-

schiede zwischen objektivem und subjektivem Beweislastbegriff, unter III. die Ähnlichkeiten zwischen beiden Begriffen näher darzulegen.

II. 1. Der subjektive Beweislastbegriff und seine Vorgänger beruhten auf der Annahme irgendeines rechtlichen Zusammenhanges zwischen der Unterlassung einer Feststellungstätigkeit seitens der „belasteten“ Partei und dem Eintritt des Prozeßverlustes. Ein solcher rechtlicher Zusammenhang ist in Wahrheit nicht vorhanden. Einerseits steht eine Tatsache zur „Beweislast“ auch dann, wenn sie im konkreten Falle gar nicht durch eine Tätigkeit der interessierten Partei festgestellt werden kann. Anderseits braucht der Beweislastträger die Feststellung der zu seiner Beweislast stehenden Tatsache nicht notwendig durch eigne Tätigkeit zu betreiben. Nach beiden Seiten hin ist dieses Verhältnis im folgenden klarzulegen.

2. a) Richtig ist der Satz, daß alle Tatsachen von der an ihrer Feststellung interessierten Partei behauptet werden können. Solcher Behauptung stehen nur unter Umständen moralische Hindernisse, niemals aber rechtliche oder tatsächliche Hindernisse entgegen.

b) Unrichtig aber wäre der Satz, daß alle Tatsachen von der an ihrer Feststellung interessierten Partei auch bewiesen werden könnten. Es gibt Tatsachen, welche überhaupt nicht bewiesen werden können, weil sie von niemandem unmittelbar oder mittelbar wahrgenommen wurden. Auch an das Ungewißbleiben solcher im konkreten Falle unbeweisbarer Tatsachen knüpft sich die objektive Beweislastfolge des Prozeßverlustes.

3. Die an der Feststellung einer Tatsache objektiv interessierte Partei braucht die Feststellung dieser Tatsache nicht notwendig durch eigne Tätigkeit zu betreiben.

a) Die Notwendigkeit der Behauptung entfällt, wenn die in Frage kommende Tatsache schon von seiten der an ihrer Feststellung nicht interessierten Gegenpartei in das Verfahren eingeführt wird, — wie solches im Prozesse alltäglich zu geschehen pflegt.[35])

b) Die Notwendigkeit der Beweisführung entfällt noch weit häufiger. Die an der Feststellung einer Tatsache interessierte Partei braucht die — von ihr selbst oder von der Gegenpartei — behauptete Tatsache nur ausnahmsweise, unter ganz bestimmten Bedingungen, durch eigne Beweisführung zur Feststellung zu bringen. Nur dann nämlich, wenn diese Tatsache nicht schon anderweit, — durch Gerichtskunde, formell feststellenden Tatbestand (besonders Geständnis und Nicht-Bestreitung), durch Beweisaufnahme von Amtswegen nach § 144 ZPO., Beweisführung der Gegenpartei, „Berücksichtigung des gesamten Inhalts der Verhandlungen" nach § 286 ZPO. — ohne Zutun der interessierten Partei festgestellt wird.

c) Entfällt die Notwendigkeit des Behauptens zugleich mit der Notwendigkeit des Beweisens, so entfällt überhaupt jede subjektive Beweislast. Eine solche subjektive Beweislast ist also mit dem objektiven Feststellungsinteresse nur in besonderen Prozeßlagen verbunden. Die objektive Beweislast bedeutet für die belastete Partei keinen kategorischen, sondern nur einen hypothetischen Imperativ.

III. Auch ein hypothetischer Imperativ bleibt jedoch immer noch ein Imperativ. Zwar nicht der Notwendigkeit nach, aber doch wenigstens der Möglichkeit nach, stecken in unserer objektiven Beweislast immer noch die alten Imperative: Behaupte und beweise! Diese Imperative müssen nur in jedem einzelnen Prozesse erst noch durch den Eintritt einer besonderen Prozeßlage aus dem objektiven Feststellungsinteresse ausgelöst werden.

Ein rechtliches Feststellungsinteresse, das in keiner Prozeßlage zum Imperativ wird, aus dem eine Notwendigkeit zum Behaupten und Beweisen unter keiner Bedingung entspringen kann, ist keine Beweislast; auch nicht im Sinne des objektiven Beweislastbegriffes.

Auch für die heutige Auffassung bedeutet mithin der Satz: es steht eine Tatsache zur Beweislast des Klägers, — nicht nur, daß der Kläger ein rechtliches Interesse an der Feststellung der Tatsache hat, sondern damit zugleich, daß der Kläger die Tatsache, wenn sie nicht schon ohne sein Betreiben festgestellt wird, durch eigene Tätigkeit zur Feststellung bringen (sie beweisen) muß.[36]) Erst durch diesen Zusatz erhält der abstrakte Beweislastbegriff eine konkret anschauliche Bedeutung.

§ 14.
Insbesondere der Begriff der zur Beweislast stehenden „Tatsachen".

I. 1. Von den Merkmalen des heutigen Beweislastbegriffes ist eines für den weiteren Fortgang unserer Untersuchungen besonders wichtig und soll deshalb hier noch einer genaueren Erörterung unterzogen werden: Jede Beweislast im Zivilprozesse bezieht sich auf nichts anderes als auf die zu behauptenden und zu beweisenden „Tatsachen".

2. Mit dieser Behauptung befinden wir uns durchaus auf dem Boden des Gesetzes. Immer sind es in den Einzelvorschriften der ZPO. „Tatsachen", welche als Gegenstand der Einführung seitens der Parteien, als Gegenstand des Beweises, der Gerichtskunde und der formell feststellenden Tatbestände bezeichnet werden. [37]) Und immer wird dabei der Gegenstand der „Beweispflicht" als mit dem Gegenstand der „Beweise" identisch vorausgesetzt; cf. hierzu besonders § 447 mit §§ 445/46 ZPO., sowie §§ 597 II, 598 mit §§ 595 II, 424 Nr. 2 ZPO.

3. Auch die Wissenschaft und Praxis erklären fast einhellig die „Tatsache" als den einzigen Gegenstand des Beweises und der Beweislast. So wohl sämtliche Autoren der Lehre von der Beweisführung und Beweiswürdigung. [38]) So — besonders seit Fittings grundlegenden Ausführungen — auch die Autoren der Lehre von der Beweislast. [39])

4. Was unter der „Tatsache" im Sinne des Gesetzes zu verstehen sei, soll im folgenden ausführlicher dargelegt werden.

II. 1. Nach zwei Seiten hin muß der gesetzliche Tatsachenbegriff abgegrenzt werden, wenn anders wir auch nur die Fragestellung der Beweislast richtig verstehen wollen. Zunächst ist der Tatsachenbegriff des Gesetzes abzugrenzen gegenüber dem Tatsachenbegriff des gemeinen Sprachgebrauchs; darnach ist der innere Unterschied zwischen dem gesetzlichen und dem philosophischen Tatsachenbegriff aufzuzeigen.

Die erste dieser beiden Abgrenzungen ist in der Literatur wiederholt und in unübertrefflicher Weise namentlich in dem bekannten Werke Steins klargestellt worden. Bis zu einer klaren Vorstellung über die zweite dieser Abgrenzungen sind nur wenige Autoren vorgedrungen.[40])

2. a) Wir wissen bereits, daß das ordentliche Verfahren unseres Zivil-Prozesses von der Verhandlungs-Maxime beherrscht wird, nach welcher Maxime bei der Entscheidung des Rechtsstreits keine Tatsachen berücksichtigt werden dürfen, welche nicht von den Parteien in das Verfahren eingeführt (behauptet) und darin zur Feststellung gebracht sind.

b) Offensichtlich kann sich nun gemäß den positiven Einzelvorschriften der ZPO. dieses Prinzip auf mancherlei Dinge nicht beziehen, die gleichwohl vom gemeinen Sprachgebrauch als „Tatsachen" bezeichnet werden. Man denke an die „Tatsache", daß „zweimal zwei gleich vier ist", daß „Wasser bergab fließt", daß „das Eigentum ein Rechtsverhältnis ist". Alle diese „allgemeinen Urteile", welche dadurch charakterisiert werden, daß in ihnen nicht ein konkretes anschaulich wirkliches Sein oder Geschehen, sondern ein abstrakter Gattungsbegriff als solcher zum Gegenstand einer Aussage gemacht wird, — alle diese allgemeinen Urteile werden durch den gemeinen Sprachgebrauch als „Tatsache" bezeichnet. Gleichwohl muß der Richter diese allgemeinen Sätze (die „allgemeinen Erfahrungssätze" oder praesumptiones hominis seu facti) gemäß § 286 ZPO. in der Beweiswürdigung berücksichtigen, auch wenn sie nicht im Verfahren behauptet und zur Feststellung gebracht sind. Wie sollte er sonst wohl in eine „freie Beweiswürdigung" überhaupt eintreten können? Desgleichen muß der Richter solche nicht eingeführten allgemeinen Sätze in noch größerem Umfange berücksichtigen, wenn er zur rechtlichen Beurteilung des prozessual festgestellten Tatbestandes schreitet; sei es nun, daß er die festgestellten Tatsachen unter die im Gesetz vorgefundenen Begriffe (die „gesetzlichen Merkmale") subsumiert, sei es, daß er durch Auslegung die rechtlichen Folgen festgestellter Willenserklärungen (Rechtsgeschäfte) bestimmt.[41])

c) Es dienen somit zur Einführung von „Tatsachen" im Sinn des Gesetzes nur solche Behauptungen der Parteien, welche sich auf wirkliche Ereignisse und Zustände beziehen. Dagegen solche Behauptungen der Parteien, welche nur auf die *tatsächliche Bedeutung* des vorliegenden Beweismaterials oder auf die *rechtliche Bedeutung* der behaupteten Geschehnisse hinweisen, — solche Behauptungen führen *keine* neuen Tatsachen im Sinne der ZPO. in das Verfahren ein. Sie suchen nur die „Beweiswürdigung", bezw. die „rechtliche Beurteilung" des Richters zu beeinflussen, vermehren aber den zur Würdigung und Beurteilung vorliegenden *Stoff* nicht im mindesten.

3. Es wird auf diese Abgrenzung des Tatsachenbegriffes später noch ausführlich zurückzukommen sein.

III. 1. Wir wissen: ein „allgemeines Urteil" ist keine Tatsache im Sinn des Gesetzes. Der Sprachgebrauch des Gesetzes ist jenem laxen Sprachgebrauch des gemeinen Lebens, welcher den Tatsachenbegriff mit dem *Wahrheits-Begriff* völlig identifiziert und demgemäß auch „allgemeine" Wahrheiten als Tatsachen bezeichnet, — diesem unprägnanten Sprachgebrauch ist der Sprachgebrauch des Gesetzes nicht gefolgt. Aber ist nun deshalb etwa diejenige Auffassung begründet, welche die Tatsache im Sinn des Gesetzes als eine Tatsache im philosophischen Sinn, als ein *konkretes, historisches* Geschehen bezeichnet? Stimmt der gesetzliche Sprachgebrauch mit dem philosophischen überein?

Offenbar ist auch dieses nicht der Fall. Wie könnte sonst eine „Tatsache" vom Gesetz als „wahr" oder „unwahr" bezeichnet werden, wie könnte das Gesetz von dem „Gegenteil" einer Tatsache sprechen? Wie könnte die Wissenschaft den „positiven" die „negativen" Tatsachen gegenüberstellen — da doch die konkreten Tatsachen als solche *weder positiv noch negativ*, sondern nur *wirklich* sind?[42] [43]

Es stimmt also der Tatsachenbegriff des Gesetzes mit dem philosophischen Tatsachenbegriff nicht überein. Dieser letztere bedeutet die empirisch wahrnehmbaren anschaulich wirklichen Objektivationen unserer Vorstellung, die wirklichen „Ereignisse und Zustände".[44] In der ZPO. dagegen — und in anderen Verfahrens-Ordnungen — ist die Tatsache nur der Inhalt einer Behauptung oder Bestreitung, bezw. eines richterlichen Denkaktes,[45] — somit immer eine von der empirischen Anschauung losgelöste „abstrakte" Vorstellung, etwas

Gesagtes oder Gedachtes, — sonach ein logisches Urteil und keine wirkliche Tatsache.

Daß die Partei etwas behauptet oder bestreitet und daß der Richter etwas denkt, ist ein wirklicher Vorgang. Dagegen was die Partei als wahr behauptet, was der Richter als wahr feststellt, die „behauptete" und die „festgestellte" Tatsache also, sind zunächst lediglich abstrakte Vorstellungsinhalte, welche mit den Proportionen der Wirklichkeit zwar übereinstimmen können[46]), aber selbst keine Wirklichkeit sind.

2. Im einzelnen ergeben sich folgende Anhaltspunkte einer präzisen Bestimmung des gesetzlichen Tatsachenbegriffes.

a) Negativ läßt sich sagen, daß nach dem gesetzlichen Sprachgebrauch „Tatsache" und „tatsächliche Behauptung" nicht völlig dasselbe bedeuten kann.[47])

b) Vielmehr stecken in einer „tatsächlichen Behauptung" allemal zwei logisch voneinander unterscheidbare Bestandteile, von welchen der eine die behauptete „Tatsache", der andere die „Behauptung" dieser Tatsache darstellt.

Es kann dabei etwas behauptet werden, was keine „Tatsache" im Sinn des Gesetzes ist: ein „allgemeines Urteil", welches auf die tatsächliche oder rechtliche Bedeutung einer bereits eingeführten „Tatsache" hinweist; — es kann anderseits eine „Tatsache" nicht bloß behauptet, sondern auch bestritten, bewiesen, zugestanden werden.[48])

c) Fragen wir uns zunächst einmal, was denn eine „Behauptung" sei.

Ein bekannter Satz der Logik besagt, daß ein jedes logische Urteil ohne Veränderung seines Inhaltes sowohl problematisch als auch assertorisch vorgestellt und ausgesprochen werden kann.[49]) Problematisch wird es als möglicherweise wahr, assertorisch wird es als wahr gedacht und bezeichnet.

Etwas „behaupten" nun bedeutet allgemein weiter nichts als ein problematisch vorgestelltes Urteil assertorisch als „wahr" hinstellen. Die Behauptung ist ein assertorisches Urteil, und nur Urteile können behauptet werden.

d) Da also eine „Tatsache" dasjenige ist, was behauptet werden kann, anderseits die Assertion eines „allgemeinen

Urteils" nicht die Behauptung einer Tatsache im Sinne des Gesetzes darstellt, so ergeben sich hieraus folgende beiden Bestimmungen des gesetzlichen Tatsachenbegriffes:

Eine Tatsache ist ein logisches Urteil.

Eine Tatsache ist kein „allgemeines Urteil".

e) Nicht jedes logische Urteil ist mithin nach seiner Behauptung eine „behauptete Tatsache" im Sinn des Gesetzes und vor seiner Behauptung eine „nicht vorgebrachte Tatsache" (§ 622 ZPO.) im Sinn des Gesetzes. Vielmehr müssen es logische Urteile von besonderer Beschaffenheit sein, durch deren Behauptung von seiten der Parteien nach dem Sprachgebrauch des Gesetzes eigentliche „Tatsachen" behauptet werden. Ihre besondere Beschaffenheit besteht darin, daß sie zwar keine wirklichen Ereignisse und Zustände sind, sich aber doch auf wirkliche Ereignisse und Zustände — und nicht bloß auf deren tatsächliche oder rechtliche Bedeutung — beziehen.

Sie sind daher zutreffender als „Tatsachen-Urteile" zu bezeichnen. [50])

3. Der Richter kann nun ein solches Tatsachen-Urteil, eine solche „Tatsache" im Sinn des Gesetzes, seiner Entscheidung als wahr zugrunde legen: im ordentlichen Prozeß nur dann, wenn es vorher von einer Partei als wahr behauptet wurde, im außerordentlichen Prozesse unter Umständen auch, ohne daß es vorher von einer Partei als wahr behauptet wurde (§ 622 ZPO.)

Es ist die Aufgabe der „tatsächlichen Feststellungen" des Prozesses, die Wahrheit oder Unwahrheit der für die Entscheidung in Betracht kommenden Tatsachen-Urteile so weit als möglich festzustellen. Bei keinem Beweise oder sonstigen Tatsachenfeststellungsakt handelt es sich unmittelbar um die Feststellung der wirklichen Tatsache. Auch der „Augenschein" dient nur dem Beweise der Wahrheit eines Satzes (Urteils), und der durch den Augenschein zu beweisende Satz ist es, den das Gesetz als die „zu beweisende Tatsache" bezeichnet; cf. § 371 ZPO. [51])

Wird weder die Wahrheit noch die Unwahrheit eines Tatsachenurteils festgestellt, bleibt also die Frage seiner Wahrheit oder Unwahrheit unentschieden, so bleibt das Tatsachen-Urteil, die Tatsache im Sinne des Gesetzes, unfestgestellt oder ungewiß. Das Tatsachenurteil bleibt vom Standpunkt des Richters aus „problematisch" (Tatbestand der Beweislast).

4. a) Ein jedes „Tatsachenurteil", also jede „Tatsache" im Sinn des Gesetzes, kann somit wahr oder unwahr sein.

b) Jedes Tatsachenurteil hat ferner ein „Gegenteil": das Tatsachenurteil kontradiktorisch entgegengesetzten Inhalts.

Ist das Tatsachenurteil a wahr, so muß notwendigerweise das kontradiktorisch entgegengesetzte Tatsachenurteil non a unwahr sein, und umgekehrt. Wird also die Wahrheit des Tatsachenurteils a festgestellt, so wird damit zugleich die Unwahrheit des kontradiktorisch entgegengesetzten Tatsachenurteils non a festgestellt und umgekehrt. Demzufolge bleibt, solange das Tatsachenurteil a ungewiß bleibt, auch das Tatsachenurteil non a ungewiß; die Feststellung der Wahrheit eines von beiden würde zugleich die Feststellung der Unwahrheit des andern bedeuten, somit eine völlige Gewißheit über die Wahrheit und Unwahrheit beider Urteile herbeiführen.

c) Ein jedes Tatsachenurteil, jede „Tatsache" im Sinn des Gesetzes, kann endlich ebensowohl negativ wie positiv sein. Jedem negativen Tatsachenurteil steht als „Gegenteil" ein positives Tatsachenurteil gegenüber und umgekehrt.[52] [53]

Dritter Abschnitt:

Die Anwendung der Beweislastregeln.

Erstes Kapitel:

Die ideologische Auffassung von der Beweislast und ihre inneren Widersprüche.

§ 15.

Die ideologische Lehre von der abstrakten Unabänderlichkeit der Beweislastverteilung.

I. Der ideale Prozeß, worunter hier nicht das Ideal eines Prozesses, sondern im gegenteiligen tadelnden Sinne ein unwirklich ideologischer Prozeß verstanden wird, wie er nur in den Köpfen einiger Theoretiker, aber nirgends in der Wirklichkeit existiert, — dieser ideale Prozeß hat folgenden Verlauf:

Der Kläger behauptet das Gegebensein sämtlicher nach den abstrakten „Beweislastregeln" zur zureichenden Begründung des ihm günstigen Prozeßurteils feststellungsbedürftigen materiellen (und prozessualen) „gesetzlichen Merkmale". Er fügt nähere Bestimmungen nur insoweit hinzu, als solches zur unterscheidenden Kennzeichnung der gemeinten Wirklichkeiten unbedingt erforderlich ist. — Daneben behauptet er vielleicht noch andere Tatsachen; aber insoweit sind seine Behauptungen entweder völlig irrelevant, oder den behaupteten Tatsachen kommt doch wenigstens keine „Erheblichkeit" im strengen Sinne des Wortes zu, sie besitzen — als bloße Indizien und Beweishilfstatsachen — für die Prozeßentscheidung nur eine untergeordnete, mittelbare Bedeutsamkeit.

Die seitens des Klägers behaupteten „gesetzlichen Merkmale" werden nun von seiten des Beklagten entweder zugestanden oder bestritten oder unbestritten gelassen, und so fort. Behauptungen, Bestreitungen, Geständnisse, Beweise, all dieses bezieht sich normalerweise unmittelbar auf die „gesetzlichen Merkmale". Diese sind es also, welche durch die Prozeßverhandlungen festgestellt werden. Diese sind es auch, bezüglich deren am Schlusse der letzten mündlichen Verhandlung eine verbleibende Ungewißheit konstatiert werden muß, weil entweder ihre Behauptung versäumt wurde, oder sie zwar behauptet, aber hernach bestritten und demnächst nicht mit Erfolg bewiesen wurden.

Der Kläger behauptet z. B. (und der Beklagte bestreitet), daß die aus dem gegenseitigen Vertrage für ihn entstandene Verpflichtung von ihm „erfüllt" worden sei, während der Beklagte seine entsprechende Verpflichtung „nicht erfüllt" habe. Der Beklagte behauptet (und der Kläger bestreitet), daß „Unmöglichkeit der Leistung" vorgelegen habe und daß diese Unmöglichkeit der Leistung „nicht die Folge eines von ihm zu vertretenden Umstandes" gewesen sei (§ 282 BGB.). Es ist zwischen den Parteien streitig, ob der Beklagte beim Abschluß des Vertrages „geschäftsfähig" war und ob die

Offerte des Klägers dem abwesenden Beklagten seinerzeit „zugegangen“ ist.

II. Die ungewiß bleibenden „Tatsachen“ sind danach mit den gesetzlichen Urteilsvoraussetzungen, auf welche sich die abstrakten „Beweislastregeln“ beziehen, unmittelbar identisch.[54]) Die von der Wissenschaft aufgestellten, vom Gesetz normierten abstrakten Regeln sind unmittelbare Regeln der Beweislastverteilung. Die Verteilung der Beweislast richtet sich allein nach diesen abstrakten Regeln und ist daher auch von der konkreten Prozeßlage völlig unabhängig.[55])

Die Frage nach der Anwendung dieser Beweislastregeln enthält daher überhaupt kein Problem mehr, da ja in diesen abstrakten Regeln zugleich schon die Verteilung der Beweislast in jedem einzelnen Prozesse, somit die Entscheidung eines jeden nach einer Beweislastregel zu entscheidenden Prozesses gegeben ist.

§ 16.

Der innere Widerspruch der ideologischen Beweislastauffassung. — Die fingierten „stillschweigenden Behauptungen“.

I. Daß diese ganze Auffassung der Dinge dem wirklichen Prozesse gegenüber sofort versagt, wird später ausführlich nachgewiesen werden. Für jetzt wollen wir erst noch ein anderes dartun: nämlich dieses, daß die ideologische Auffassung der Beweislast schon in der eigenen Durchführung ihres Gedankenganges mit sich selbst in einen — durch Zuhilfenahme einer Fiktion nur scheinbar ausgeglichenen — Widerspruch gerät.

II. Die moderne Theorie der Beweislastverteilung neigt dazu, den Kläger mit der Feststellung **sämtlicher** Voraussetzungen der Entstehung des Klaganspruches zu belasten.[56]) Wie wir später sehen werden, stehen dieser theoretisch notwendigen Auffassung bei richtiger Einsicht in die wahre prozessuale Bedeutung der sogen. Beweislastverteilungsregeln auch keinerlei praktische Bedenken entgegen. Anders aber bei Zugrundelegung der ideologischen Auffassung von der prozessualen Bedeutung dieser Regeln:

III. 1. Die herrschende Meinung, welche glaubt, daß durch ihre „Beweislastverteilungsregeln“ die Verteilung der Beweislast unmittelbar normiert werde, muß infolgedessen natürlich auch annehmen, daß alle jene mit den anspruchbegründenden „Tatsachen“ identifizierten „gesetzlichen Merkmale“ gemäß der Verhandlungsmaxime von den Parteien „eigentlich“ ausnahmslos behauptet werden müßten, um im Verfahren Berücksichtigung finden zu können.[57])

2. Mit dieser Forderung kann jedoch bei der unübersehbar großen Zahl der allgemeinen und speziellen Voraussetzungen jeder einzelnen Rechtsfolge selbstverständlich nicht Ernst gemacht werden.[58]) Dieser Einsicht kann sich auch die herrschende Lehre nicht verschließen. Aber statt daraus nun den Schluß zu ziehen, daß in ihrer Grundauffassung wohl doch noch irgend ein Fehler verborgen sein müsse, — statt dessen greift sie zu der Fiktion einer unendlichen Anzahl „stillschweigender“ Behauptungen.[59]) Zum Belege möge als ein Beispiel für viele folgendes längere Zitat aus der bekannten Monographie Leonhards dienen.[60])

> „Zur wirklichen Schlüssigkeit einer Klage gehören alle Tatsachen, die zur Begründung des Anspruchs erforderlich sind. Für das Urteil stehen alle Merkmale des Tatbestandes einander gleich. Ein Unterschied liegt lediglich darin, daß jene[61]) nicht schon gleich in der Klageschrift genannt zu werden brauchen. Man wird dem entgegenhalten, daß die Klage doch eben alles wesentliche enthalten muß.[62]) Aber sie braucht nicht alles ausdrücklich zu enthalten: Aus dem was sie ausdrücklich sagt, ist vieles stillschweigend[63]) zu entnehmen. Soweit letzteres zum Tatbestande gehört, muß es auch behauptet werden. Und dies geschieht eben zunächst durch das stillschweigende Vorbringen. ... In der Klage genügt es, den Vertragsschluß vorzubringen. Beruft sich aber der Beklagte auf eine Bedingung, so muß der Kläger den reinen Abschluß behaupten. ... Wenn die Klage sagt: B. hat meinen Vater erschossen, so wird man gewiß ergänzen können: er hat es rechtswidrig und

vorsätzlich getan, und es liegt der ursächliche Zusammenhang vor. ... Jeder Kläger behauptet stillschweigend, daß der Rechtsweg zulässig, das Gericht zuständig und beide Parteien partei- und prozeßfähig seien. Besonders stecken in allen Rechtsbegriffen stillschweigende Behauptungen: Ich kaufte von B. ein Haus — darin liegt auch zugleich, daß die Form gewahrt ist. Es kann kein Zweifel sein, daß diese Merkmale vom Kläger behauptet und bewiesen werden müssen. ...“

IV. Daß die herrschende Meinung hier überall mit bloßen Fiktionen arbeitet, glaube ich nach den angeführten Proben, die sich noch beliebig vermehren ließen, nicht weiter begründen zu müssen. Höchstens ist hier noch auf folgenden Unterschied hinzuweisen: Etwas anderes sind die rechtsgeschäftlichen Erklärungen des wirtschaftlichen Verkehrs, ... etwas anderes die Behauptungen der Parteien im Prozesse. Die rechtsgeschäftliche Willenserklärung besteht selbstverständlich recht häufig nicht in Worten, sondern „in andern Handlungen der Parteien, die im Leben als Willenserklärungen gelten, ja sogar im Schweigen, im Unterlassen von Erklärungen“.[64]) Anders die „tatsächlichen Behauptungen“ der Prozeßparteien. Diese haben ja gerade den Zweck, dem Richter die tatsächlichen Verhältnisse mitzuteilen, damit er darauf sein Urteil gründen könne. Nimmt man hier stillschweigende Behauptungen nicht bloß in einem — auch für die später darzulegende Auffassung unentbehrlichen — bescheidenen Umfange an, sondern gebraucht sie als deos ex machina, wo immer man sonst in Verlegenheit kommen würde, so begibt man sich auf das Gebiet der reinen Fiktion, durch welche vorhandene Schwierigkeiten und Widersprüche nicht beseitigt, sondern nur verschleiert werden können.

Insbesondere sind auch in dem Rechtsbegehren, in den rechtlichen Klageanträgen der Parteien, keine stillschweigenden tatsächlichen Behauptungen enthalten. Wollte man das Gegenteil annehmen, so brauchte man neben den rechtlichen Anträgen der Parteien überhaupt keine tatsächlichen Behauptungen mehr. Denn da selbstverständlich jede Partei behauptet, im Rechte zu sein, so tritt jedes Rechtsbegehren einer Prozeßpartei mit dem Anspruch auf, durch Tatsachen begründet zu sein. Wenn überhaupt irgendwelche Tatsachen, so sind in dem Rechtsbegehren also sämtliche zur Anspruchsbegründung erforderlichen Tatsachen „stillschweigend" mitbehauptet. Die Abwegigkeit einer solchen Annahme aber ist leicht zu erkennen.

Zweites Kapitel:

Die realistische Auffassung von der Beweislast. — Abstrakte und konkrete Feststellungslast.

§ 17.

Die „erheblichen Tatsachen" und der Urteilssyllogismus m wirklichen Prozesse.

I. Es gibt keinen wirklichen Prozeß, der dem im vorigen Kapitel entworfenen Bilde des ideologischen Prozesses auch nur ähnlich wäre. Im wirklichen Prozesse brauchen die Parteien weder ausdrücklich noch stillschweigend die gesetzlichen Merkmale selbst zu behaupten und unter Beweis zu stellen. Sie können sich vielmehr damit begnügen, durch Anführung beliebiger tatsächlicher Mitteilungen (Tatsachenurteile) das Zutreffen bezw. Nichtzutreffen der in Frage kommenden gesetzlichen Urteilsvoraussetzungen objektiv zu begründen. Der Darlehnskläger, welcher behauptet, er habe dem Beklagten vor einem Monat „ein Zehnmarkstück" „unter der Vereinbarung, daß es nach einem Monat zurückgezahlt werden solle", gegeben, — dieser Kläger führt in seiner Behauptung keine bloßen Indizien an, aus welchen die nach § 607 BGB. eigentlich erheblichen Tatsachen — scilicet die „gesetzlichen Merkmale" des Empfangs von „Geld" „als Darlehn" — nun im Wege der Beweiswürdigung zu erschließen wären. [65]) Der Kläger behauptet vielmehr damit schon die eigentlich erheblichen Tatsachen selbst. Denn unmittelbar „erheblich" sind alle diejenigen Tatsachenurteile, welche für den Fall ihrer Wahrheit das Gegebensein oder Nichtgegebensein eines gesetzlichen Merkmals objektiv begründen. Es ist Ideologie, wenn man nur diejenigen Tatsachenurteile als unmittelbar

„erheblich" anerkennt, welche das Gegebensein oder Nichtgegebensein eines gesetzlichen Merkmals besagen.

II. Nach der ideologischen Auffassung der Beweislast wird schon durch die Prozeßverhandlungen (Behauptungen, Bestreitungen, formell feststellende Tatbestände, Beweisaufnahmen) der Untersatz des prozessualen Urteilssyllogismus zustande gebracht.[66]) Nach der realistischen Auffassung ist dieses nicht der Fall.

1. Gehen wir davon aus, daß die Prozeßentscheidung auf einem Syllogismus aus Obersatz, Untersatz, und conclusio beruhe,[67]) so können wir sagen, daß der Obersatz dieses Syllogismus durch die materielle Rechtsnorm, modifiziert durch die sogen. Regeln der Beweislastverteilung, gebildet werde.[68])

2. Der Untersatz eines Syllogismus muß mit dem Obersatz den Mittelbegriff gemeinsam haben.[69]) Lautet also der Obersatz des prozessualen Syllogismus dahin: wer „Geld" empfangen hat (§ 607 BGB.), so muß notwendig der Untersatz lauten: B. hat „Geld" empfangen. Und ein Untersatz zu dem bezeichneten Obersatz ist noch nicht zustandegebracht durch die Feststellung, daß B. „ein Zehnmarkstück" empfangen hat.

3. Wenn also nach der hier vertretenen Meinung der Kläger alles Erforderliche behauptet und zur Feststellung gebracht hat, wenn feststeht, daß er seinerzeit dem Beklagten „ein Zehnmarkstück" gegeben hat, so kann es danach nicht die Aufgabe der Parteien sein, durch ihre Behauptungen und Beweisführungen den Untersatz des prozessualen Urteilssyllogismus völlig zustande zu bringen. Ein Satz, der als syllogistischer Untersatz der abstrakten Regeln des syllogistischen Obersatzes dienen könnte, wird durch die Prozeßverhandlungen allein noch nicht zustandegebracht.

4. Vielmehr muß im konkreten Prozesse normalerweise eine rechtliche Beurteilung des durch die Prozeßverhandlungen festgestellten konkreten Tatbestandes zeitlich und logisch bereits vorhergegangen sein, ehe auf das Ergebnis dieser Beurteilung — den abstrakten Tatbestand — die abstrakt syllogistischen „Beweislastregeln" angewendet werden können. Und auch schon diese konkrete

rechtliche Beurteilung ist gerade wie die ihr nachfolgende abstrakte rechtliche Beurteilung nicht mehr Sache der Parteien, sondern Aufgabe des zur Rechtsanwendung berufenen Richters.

Der Begriff des „Zehnmarkstücks“ muß vorerst durch den Richter unter den Begriff des „Geldes“ subsumiert werden; erst dann kann die abstrakte Frage aufgeworfen werden, ob die Feststellung des „Empfanges von Geld“ zur zureichenden Begründung der urteilsmäßigen Feststellung einer Darlehnsverbindlichkeit für sich allein oder nur unter Hinzutritt weiterer „gesetzlicher Merkmale“ ausreicht.

5. Es bedarf also zur Vollziehung des prozessualen Urteilssyllogismus einer vorgängigen rechtlichen Beurteilung und Zubereitung des durch die Prozeßverhandlungen in konkret willkürlicher Weise festgestellten Tatbestandes. Der Untersatz des prozessualen Urteilssyllogismus ist nicht nur die Grundlage einer (abstrakten), er ist regelmäßig auch bereits selbst das Ergebnis einer (konkreten) rechtlichen Beurteilung.

Die „rechtliche Beurteilung“ der festgestellten Tatsachen durch den Richter zerfällt also in zwei Teile, in die konkrete und in die abstrakte Beurteilung.

6. Solche Trennung der Rechtsfrage in zwei Gebiete: „konkrete und abstrakte Beurteilung“ ist auch durchaus nichts Neues. Man hat bei der Behandlung anderer Fragen — nur eben noch nicht bei der Behandlung der Beweislastfrage — schon seit langem deutlich und sorgfältig unterschieden zwischen der „konkreten Beurteilung“ des durch die Prozeßverhandlungen festgestellten Tatbestand-Rohstoffes einerseits, — und der „abstrakten Beurteilung“ des durch die nachfolgende konkrete Beurteilung festgestellten juristischen Tatbestandes anderseits. [70])

7. Beide aber, konkrete und abstrakte Beurteilung, gehören ihrem ganzen Inhalt und Umfang nach zur Rechtsfrage. Auch die konkrete Beurteilung stellt schon eine rechtliche Beurteilung des Tatbestandes dar und unterscheidet sich durch diesen Umstand klar und deutlich von der „Beweiswürdigung“, welche eine lediglich „tatsächliche“ Beurteilung irgendwelcher bereits feststehender Tatumstände zum Zwecke der Feststellung einer behaupteten Tatsache darstellt. [71])

8. Erst die „konkrete Beurteilung“ schafft also aus dem durch die Prozeßverhandlungen (Behauptungen, Bestreitungen, formell feststellende Tatbestände, Beweisaufnahmen) hergestellten konkreten Tatbestand den juristischen Tatbestand, der als Untersatz des abstrakt syllogistischen Obersatzes im prozessualen Urteilssyllogismus dienen kann. Erst im Wege der konkreten Beurteilung kommt der syllogistische Untersatz zustande: B. hat „Geld“ empfangen. Durch die Prozeßverhandlungen allein wurde nur festgestellt, daß B. „ein Zehnmarkstück“ empfangen hat.

III. 1. § 677 BGB. knüpft die Geschäftsführer-Verpflichtung an den juristischen Tatbestand (Inbegriff materiellrechtlicher Urteilsvoraussetzungen) der „Geschäftsbesorgung“ für einen andern durch einen „nicht dazu Berechtigten“. Der Einfachheit halber unterstellen wir, daß nach den abstrakten „Beweislastverteilungsregeln“ nur die „Geschäftsbesorgung für einen andern“, nicht aber auch die „Nichtberechtigung“ des Geschäftsführers festzustehen braucht, um die urteilsmäßige Feststellung der Geschäftsführer-Verpflichtung in abstracto zu begründen.

2. Es nehme nun der A. den B. als Geschäftsführer in Anspruch. Dann wäre nach der bekämpften Auffassung der durch formell feststellende Tatbestände und Beweise festgestellte konkrete Tatbestand: „B. hat im Hause des A. die zerbrochenen Fensterscheiben neu eingesetzt“ nicht ausreichend, um die urteilsmäßige Feststellung der Geschäftsführerverpflichtung zu begründen. Es fehlte noch die Behauptung der eigentlich erheblichen und durch die behaupteten und festgestellten „Indizien“ bisher bloß bewiesenen Tatsachen.

Es fehlt ja auch für die bloß abstrakt syllogistische Beurteilung eines solchen Tatbestandes noch jeder Angriffspunkt. Denn ein Untersatz zu dem syllogistischen Obersatz ist in dem besagten konkreten Tatbestand noch keineswegs festgestellt. Es besteht ja — ohne Einschaltung eines Mittelgliedes — gar keine Verbindung zwischen der Tatsache, daß B. im Hause des A. die zerbrochenen Fensterscheiben neu eingesetzt hat, — und der an die „Geschäftsbesorgung“ als Voraussetzung geknüpften Rechtsfolge. Es bedarf noch der Feststellung, daß die durch die Prozeßverhandlungen festgestellten konkreten Handlungen des B. eine „Geschäftsbesorgung“ darstellen. Dann erst ist die Gedankenverbindung lückenlos hergestellt.

3. Gleichwohl hat nach der hier vertretenen Auffassung der A. durch die Behauptung der konkreten Einzelhandlungen des B. bereits alles behauptet, was er behaupten muß; denn die weitere Feststellung, daß B. „ein Geschäft für einen anderen besorgt hat“, ist vom Richter schlechthin von sich aus zu vollziehen, — fällt in die Aufgabe der richterlichen Rechtsanwendung völlig mit hinein.

4. Auch in diesem Beispiel mußte also der konkrete Tatbestand, wie er durch die Prozeßverhandlungen festgestellt wurde, erst durch die konkrete Beurteilung des Richters in diejenige Form gebracht werden, in welcher er geeignet ist, als Untersatz des prozessualen Syllogismus (der „abstrakten Beurteilung“) zu dienen. Der Richter muß erst in der konkreten Beurteilung eine Reihe von Begriffen unter die im Gesetz vorgefundenen Oberbegriffe subsumieren, ehe er feststellen kann, daß jemand (B.) ein Geschäft (die Einsetzung der Fenster) für einen anderen (den A.) besorgt hat. Erst danach kann er die abstrakte Beurteilung vollziehen, indem er durch einfachen syllogistischen Schluß zur Feststellung der Geschäftsführerverpflichtung gelangt.

§ 18.

Die abstrakte und die konkrete Feststellungslast. Abhängigkeit der letzteren von der konkreten Prozesslage.

I. Die bisher erlangte Erkenntnis — wonach also die tatsächlichen Feststellungen des Prozesses die Feststellung der gesetzlichen Urteilsvoraussetzungen als solcher noch keineswegs in sich zu schließen brauchen, — diese Erkenntnis führt uns zu einer wichtigen und für die Frage der Anwendung der „Beweislastregeln“ überaus förderlichen Unterscheidung: Wir erkennen nunmehr den Unterschied zwischen der abstrakten Feststellungslast und der konkreten oder eigentlichen Feststellungslast. [72])

1. Die Frage der abstrakten Feststellungslast hat mit den wirklichen Behauptungen, Bestreitungen, Beweisen und sonstigen Ereignissen des konkreten Prozeßverlaufs überhaupt

nichts zu tun. Sie fragt lediglich danach, welcher Partei die verbleibende Ungewißheit über das Zutreffen oder Nichtzutreffen einer gesetzlichen Urteilsvoraussetzung rechtliche Nachteile bringt. Diese Frage beantwortet sich völlig abstrakt aus den Normen des materiellen Rechts und den abstrakten sogen. „Beweislastregeln". In jedem Prozesse, mag in ihm sonst behauptet werden, was da will, ergeht die Entscheidung zu Ungunsten des Schuldners, wenn ungewiß bleibt, ob die Unmöglichkeit der Leistung die Folge eines von ihm zu vertretenden Umstandes ist oder nicht (§ 282 BGB.). Daß sie es nicht sei, steht zu seiner abstrakten Feststellungslast.

2. Anders die eigentliche Beweislastfrage, die Frage der konkreten Feststellungslast. Bei ihr wird an die mannigfaltigen, erfolgten oder versäumten, tatsächlichen Behauptungen wirklicher Prozesse gedacht. Die Frage lautet allgemein dahin, welcher Partei die verbleibende Ungewißheit über irgendein beliebiges für die Prozeßentscheidung erhebliches Tatsachenurteil rechtliche Nachteile bringt. Und die Beantwortung dieser Frage hängt erst in zweiter Linie von den Normen des materiellen Rechts und von der Verteilung der abstrakten Feststellungslast ab. In erster Linie kommt für die Bestimmung dieser konkreten Feststellungslast in Frage, ob die verbleibende Ungewißheit über das Tatsachenurteil auch eine unaufklärbare Ungewißheit über eine „gesetzliche Urteilsvoraussetzung" herbeiführt. Diese erste Frage wird vom Richter im Wege der konkreten Beurteilung beantwortet und kann von ihm immer nur mit Rücksicht auf einen konkreten Prozeß beantwortet werden. Ihre Beantwortung für jeden einzelnen Fall hängt davon ab, in wechem Zusammenhang die ungewiß gebliebene Tatsache behauptet (oder ihre Behauptung versäumt) wurde, welche anderen Tatsachen bereits für das Verfahren feststehen, — und von dergleichen andern konkreten Tatumständen mehr. [73])

II. Es sei dieses Verhältnis durch ein Beispiel veranschaulicht:

Der Halter eines Haustieres haftet für den durch das Haustier verursachten Schaden, wenn er „bei der Beaufsichtigung des Tieres die im Verkehr erforderliche Sorgfalt außer acht gelassen" hat oder, was gleichbedeutend ist, bei der Beaufsichtigung des Haustieres „fahrlässig" gehandelt hat; §§ 833, 2; 276 I, 2 BGB.

Wir unterstellen diejenige Verteilung der abstrakten Feststellungslast, wonach bei verbleibender Ungewißheit darüber, ob Fahrlässigkeit des Tierhalters vorgelegen hat oder nicht, der Tierhalter nicht zu verurteilen ist. Der Tierhalter ist also nur dann zu verurteilen, wenn festgestellt wird, daß er fahrlässig gehandelt hat. Er ist dagegen weder dann zu verurteilen, wenn das Gegenteil festgestellt wird, noch dann, wenn es ungewiß bleibt, ob er fahrlässig gehandelt hat oder nicht.

Nun behaupte in einem konkreten Prozesse der Kläger folgendes: Der Beklagte (Tierhalter) habe an dem fraglichen Abend versäumt, seinem bissigen Hunde den Maulkorb anzulegen. Er habe aber fernerhin am selben Abend auch noch versäumt, den Hund an die Kette zu legen. Wir unterstellen nun, es gehöre unter den vorliegenden Verhältnissen zur Beobachtung der im Verkehr erforderlichen Sorgfalt sowohl das eine wie das andere. Ein sorgfältiger Tierhalter müsse seinem bissigen Hunde sowohl einen Maulkorb anlegen als auch ihn an die Kette legen. Dann handelt der Tierhalter „fahrlässig" schon dann, wenn er nur eine dieser Pflichten versäumt. Schon die Feststellung einer dieser beiden Versäumnisse genügt also, um die Annahme einer „Fahrlässigkeit" des Beklagten zu begründen. Jede einzelne dieser beiden behaupteten „Tatsachen" erscheint infolgedessen als unmittelbar „erheblich" für die Entscheidung des Rechtsstreits. Gleichwohl läßt sich mit Bezug auf keine dieser Tatsachen allgemein und abstrakt die Frage beantworten, ob die verbleibende Ungewißheit über die Tatsache die dem Kläger ungünstige Entscheidung des Rechtsstreits zur Folge hat oder nicht. Denn nicht unter allen Umständen wird die verbleibende Ungewißheit darüber, ob der Beklagte an jenem Abend dem Hunde den Maulkorb angelegt hat oder nicht, auch eine Ungewißheit darüber übrig lassen, ob der Beklagte an jenem Abend „fahrlässig" gehandelt hat oder nicht. Nur wenn auch die andere behauptete Tatsache ungewiß bleibt oder sogar das Gegenteil dieser andern Tatsache (also dieses, daß der Hund seiner Zeit wirklich an die Kette gelegt worden ist) positiv festgestellt wird, — nur dann wird das Ungewißbleiben der ersten Tatsache auch eine Ungewißheit über das Gegebensein des gesetzlichen Merkmals herbeiführen. Dagegen wenn die andere behauptete Tatsache festgestellt wird, wenn zur Gewißheit gebracht wird, daß der Beklagte versäumt hat, den Hund an die Kette zu legen, dann ist ja hierdurch allein schon, trotz Ungewißbleibens der ersten — gleichwohl „erheblichen" — Tatsache, die Fahrlässigkeit des Beklagten begründet. Das Ungewißbleiben der ersten erheblichen Tatsache hat also in diesem Falle das Ungewißbleiben der gesetzlichen Urteilsvoraussetzung nicht zur Folge.

Es kann also das Ungewißbleiben einer „erheblichen" Tatsache je nach den sonstigen Ereignissen des konkreten Prozeßverlaufs bald das Ungewißbleiben einer gesetzlichen Urteilsvoraussetzung herbeiführen, bald ein solches Ungewißbleiben nicht herbeiführen. Und die Frage der konkreten Feststellungslast kann somit ohne Rücksicht auf die Ereignisse des konkreten einzelnen Prozesses überhaupt nicht beantwortet, somit die „Beweislastregel" ohne Rücksicht auf die Ereignisse des konkreten einzelnen Prozesses gar nicht angewendet werden.

§ 19.

Abstrakte Feststellungslast und Behauptungslast im Zivilprozesse.

I. Die überaus wichtige praktische Konsequenz dieses — von der herrschenden Lehre noch nicht erkannten — Unterschieds zwischen abstrakter und konkreter Feststellungslast besteht darin, daß nur der konkreten, nicht aber der abstrakten Feststellungslast eine Behauptungs- oder Anführungslast der Prozeßparteien parallel läuft. Mit andern Worten, die zur abstrakten Feststellungslast einer Partei stehenden „gesetzlichen Merkmale" der festzustellenden Rechtsfolge brauchen von der interessierten Partei nicht behauptet zu werden, um bei der Entscheidung des Rechtsstreits berücksichtigt zu werden.

II. Diese Erwägung führt uns zunächst zu der Erörterung der allgemeineren Frage, was es überhaupt mit der

„Behauptung des Gegebenseins gesetzlicher Tatbestandsmerkmale im Prozesse“ auf sich hat? Ist sie stets rechtliche Deduktion? Ist sie stets Tatsachenbehauptung? Ist sie bald das eine, bald das andere; und, wenn solches der Fall sein sollte, unter welchen Bedingungen ist sie das eine, unter welchen Bedingungen das andere?

§ 20.

Die „Behauptung gesetzlicher Merkmale“ im Zivilprozesse.

I. Die hier zu erörternde Frage nach der prozeßrechtlichen Natur der Behauptung eines „gesetzlichen Merkmals“ ist viel allgemeiner, als die in der Literatur und Judikatur vielfach erörterte Frage nach der prozeßrechtlichen Natur der „rechtsbegrifflichen Behauptung“ oder „juristischen Begriffsbehauptung“. [74])

1. „Gesetzliches Merkmal“ ist jedes im Gesetz zur Bezeichnung einer Rechtsfolgevoraussetzung verwendete Wort. Auch die Bezeichnung eines Schriftstücks als „Brief“ oder als „Telegramm“ enthält bisweilen schon die Subsumtion einer Tatsache unter ein „gesetzliches Merkmal“; so wenn es sich um die Gültigkeit eines in den Formen des § 127 abzuschließenden Rechtsgeschäfts handelt. [75]) Auch die Behauptung, daß zwischen den Parteien „brieflich“ oder „telegraphisch“ abgeschlossen sei, kann daher unter Umständen die Behauptung eines „gesetzlichen Merkmals“, niemals dagegen eine „rechtsbegriffliche“ Behauptung darstellen.

2. Als „rechtsbegriffliche“ Behauptungen bezeichnet man [76]) einerseits die Behauptungen von „Rechtsfolgenbegriffen“ (präjudiziellen Rechtsverhältnissen); z. B. die Behauptung des Schadenersatzklägers, daß die „ihm eigentümlich gehörige“ Kuh von dem „dem Beklagten eigentümlich gehörenden“ Hunde gebissen worden sei. — „Rechtsbegriffliche“ Behauptungen sind anderseits die Behauptungen mancher I n b e g r i f f e von Rechtsfolgevoraussetzungen; z. B. die Behauptung des Klägers, daß er das Haus des Beklagten „gekauft“ habe. [77])

Die Abgrenzung zwischen rechtsbegrifflichen gesetzlichen Merkmalen und bloßen gesetzlichen Merkmalen ist im einzelnen außerordentlich schwierig. So ist z. B. die Behauptung, daß „Zufall“ vorgelegen habe, als die Behauptung eines Rechtsbegriffs zu bezeichnen,[78]) — obwohl nirgends im Gesetz die Voraussetzungen der Anwendbarkeit des vielfach verwendeten Zufallsbegriffes unmittelbar normiert werden. „Zufällig“ ist nämlich gleichbedeutend mit „nichtverschuldet“; somit das kontradiktorische Gegenteil eines „Rechtsbegriffs“ und infolgedessen selbst ein Rechtsbegriff.

3. Wir suchen im folgenden sogleich die allgemeinere Frage nach der prozeßrechtlichen Natur der „Behauptung eines gesetzlichen Merkmals“ zu beantworten. Auch die speziellere Frage nach der rechtlichen Natur der „Behauptung eines Rechtsbegriffes“ kann ja ohne vorherige Beantwortung dieser allgemeineren Frage gar nicht beantwortet werden.

II. Auf zweierlei verschiedene Weise kann die Behauptung eines gesetzlichen Merkmals im Prozeß auftreten: Entweder in der Form einer bloßen rechtlichen Deduktion neben der eigentlichen Tatsachenbehauptung; oder in der Weise, daß sogleich das Gegebensein des gesetzlichen Merkmals und sonst nichts behauptet wird.

1. Es behaupte z. B. der Kläger: er habe dem Beklagten das die Kündigung enthaltende Schreiben durch die Post übersandt und der Beklagte habe es auch empfangen; „damit“ sei dem Beklagten die Willenserklärung „zugegangen“ (§ 130 BGB.), — so ist der Nachsatz dieser Behauptung eine bloße rechtliche Deduktion. Der Kläger weist durch diesen Nachsatz lediglich auf die „rechtliche Bedeutung“ der vorher behaupteten Tatsache hin. Er spricht den „allgemeinen Satz“ aus, daß Willenserklärungen, welche dem Adressaten durch die Post zugesandt und von ihm auch empfangen sind, als „zugegangene“ Willenserklärungen im Sinne des § 130 BGB. anzusehen sind. Er deutet das Wort „zugehen“ allgemein in der Weise, daß auch dieser konkrete Fall darunter fällt.[79])

2. Es ist aber auch der andere Fall denkbar, daß der Kläger sogleich behauptet, seine Kündigungserklärung sei dem Beklagten seinerzeit „zugegangen“, und daß er dieser seiner Behauptung irgend welche näheren Angaben nicht hinzufügt.

Beide diese Fälle sollen hier einzeln nacheinander erörtert werden.

III. Stellt die Partei reine Tatsachen-Behauptung und reine Deduktion nebeneinander, so entstehen keine größeren Schwierigkeiten.

1. a) Es besteht eine Pflicht der Partei zur rechtlichen Deduktion, zur konkreten ebensowohl wie zur abstrakten rechtlichen Deduktion.

Die Partei soll nicht nur die zur rechtlichen Begründung ihrer Anträge objektiv geeigneten tatsächlichen Verhältnisse anführen; § 130 No. 3 ZPO. Sie soll auch „in rechtlicher Beziehung" darlegen (deduzieren), w a r u m die angeführten tatsächlichen Verhältnisse zur Begründung ihrer rechtlichen Anträge geeignet sind; § 137 II ZPO.

b) Freilich, wenn sie die Erfüllung dieser Deduktionspflicht versäumt, wenn sie sich auf die Anführung der tatsächlichen Verhältnisse beschränkt, so können ihr aus dieser Unterlassung rechtliche Nachteile in der Sache selbst nur tatsächlich und im Widerspruch zu den gesetzlichen Vorschriften, niemals aber „gemäß einer rechtlichen Regel" entstehen. Da es nun zu den Begriffsmerkmalen der „rechtlichen Last" gehört, daß der Belastete von den rechtlichen Nachteilen „gemäß einer rechtlichen Regel" getroffen wird, so kann danach von einer „rechtlichen Deduktionslast" nicht gesprochen werden.

c) Immerhin besteht, worauf später noch zurückzukommen ist, ein großes t a t s ä c h l i c h e s Interesse der Partei an der Deduktion, und dieses tatsächliche Interesse ist auch mit einer rechtlichen Last recht häufig verwechselt worden.

2. Hat die Partei die gemeinten Wirklichkeiten in dieser Weise sowohl anderweit als auch mit dem im Gesetz gebrauchten Ausdruck bezeichnet, so ist maßgebend allein die rein tatsächliche Bezeichnung. Sie ist maßgebend als Gegenstand des Geständnisses, der Nichtbestreitung, der Bestreitung, der Beweisführung und d e r B e w e i s l a s t.[80]) Die vorangeschickte oder hinzugefügte Behauptung des gesetzlichen Merkmals hat ja den Charakter einer bloßen rechtlichen Deduktion. Dieser Deduktion mag sich der Richter zwar vielleicht tatsächlich anschließen, dieser Deduktion

braucht sich der Richter aber niemals aus Rechtsgründen anzuschließen; bloße rechtliche Deduktionen der Parteien haben für den Richter keinerlei Rechtsverbindlichkeit.

IV. Etwas mehr Schwierigkeiten bereitet der andere Fall: Der Fall, daß die Partei ihre „tatsächliche Behauptung" so formuliert, daß eigentliche Tatsachen-Behauptung und konkrete rechtliche Deduktion in eines verschmelzen.

1. Es wird hier keineswegs die Meinung vertreten, als sei das Gegebensein eines „gesetzlichen Merkmals" keine „Tatsache" im Sinne der ZPO.

a) Freilich wird der Richter, wie später näher gezeigt werden soll, im Interesse einer zweckmäßigen Prozeßgestaltung recht häufig darauf zu dringen haben, daß die Parteien die zunächst allgemein durch Anwendung der gesetzlichen Ausdrücke beschriebenen tatsächlichen Verhältnisse wenigstens nachträglich noch mit andern Worten bezeichnen. So insbesondere, aber nicht ausschließlich, wenn „rechtsbegriffliche" Behauptungen der einen Partei von der andern Partei bestritten werden.

b) Aber wenn die Partei nähere Angaben über die gemeinten tatsächlichen Verhältnisse verweigert, wenn sie sich auf die Behauptung eines gesetzlichen Merkmals beschränkt und nach der Bestreitung ihrer Behauptung für das Gegebensein dieses gesetzlichen Merkmals einen Beweis anbietet, so kann jetzt ihr Vorbringen nicht ohne Beweisaufnahme „als unsubstanziiert" abgewiesen werden. Das Gegebensein eines gesetzlichen Merkmals ist eine Tatsache im Sinne der ZPO. und kann als solche behauptet, zugestanden, bestritten und bewiesen werden. So wird z. B. eine „Tatsache" behauptet, wenn einmal in einem wirklichen Prozesse eine Partei oder ihr Anwalt sich darauf beschränkt, zu behaupten, daß in dem streitigen Falle „Unmöglichkeit der Erfüllung" vorgelegen habe, oder daß die Willenserklärung der Gegenpartei seinerzeit „zugegangen" sei.

c) Dies gilt selbst auch für den Fall, daß die Partei sich auf eine rechtsbegriffliche Behauptung beschränkt. Auch eine solche „rechtsbegriffliche" Behauptung erfolgt ja, wie jede Behauptung eines gesetzlichen Merkmals überhaupt, im Prozesse mit Bezug auf die Verhältnisse bestimmter Personen (der Prozeßparteien) und mit Bezug auf eine bestimmte

Zeit. Auch eine solche rechtsbegriffliche Behauptung bezieht sich somit auf wirkliche Ereignisse und Zustände und enthält kein bloßes „allgemeines Urteil“, sondern ein wirkliches Tatsachenurteil, die Anwendung eines Begriffes auf ein konkretes Sein und Geschehen.

2. Auch die Behauptung eines gesetzlichen Merkmals stellt somit, falls sie isoliert auftritt, die Behauptung einer „Tatsache“ dar. — Gegenüber einer derartigen Behauptung fällt nun, wie sogleich näher darzulegen ist, die „konkrete rechtliche Beurteilung“ des Tatbestandes durch den Richter entweder völlig fort, oder sie bleibt zwar ihrem Inhalt nach erhalten, nimmt aber die Form einer „Beweiswürdigung“ an.

a) Das erstere tritt ein, wenn der Beklagte das Gegebensein des vom Kläger behaupteten gesetzlichen Merkmals zugesteht oder nicht bestreitet; — ferner dann, wenn die Frage des Gegebenseins oder Nichtgegebenseins dieses gesetzlichen Merkmals durch Eid zum Austrag gebracht wird; — endlich dann, wenn der Fall der Versäumnis eintritt (formell feststellende Tatbestände). Z. B. der Kläger behauptet und der Beklagte räumt ein, daß die Kündigungerklärung des Klägers dem Beklagten „zugegangen“ sei (§ 130 BGB.), daß der in Frage kommende Vertrag zwischen den Parteien „brieflich“ oder „telegraphisch“ abgeschlossen worden sei (§ 127 BGB.).

b) Das letztere tritt regelmäßig dann ein, wenn die Behauptung des gesetzlichen Merkmals vom Beklagten bestritten wird und ihre Wahrheit infolgedessen vom Kläger bewiesen werden muß.

Z. B. Der Kläger behauptet und der Beklagte bestreitet, daß die Kündigungserklärung dem Beklagten seinerzeit zugegangen sei. Der Kläger, vom Richter um nähere Auskunft ersucht, verweigert nähere Angaben und beruft sich für die Wahrheit seiner Behauptung auf das Zeugnis eines Dritten. Vielleicht weil er eine nähere Beschreibung überhaupt nicht mehr geben kann, aber die Hoffnung hegt, daß die Art und Weise, wie damals das „Zugehen“ der Erklärung vor sich gegangen ist, den von ihm bezeichneten Zeugen unter dem Druck des Eides wieder erinnerlich werden wird. — Erst der Zeuge gibt dann den reinen Tatsachenbericht. Und der Richter subsumiert jetzt in der

„Beweiswürdigung“ die von dem Zeugen berichteten Tatsachen unter das gesetzliche Merkmal des „Zugehens“, — welches gesetzliche Merkmal in diesem Fall zugleich die behauptete und unter Beweis gestellte „Tatsache“ ist, — gleich als ob er in der „konkreten rechtlichen Beurteilung“ die von den Parteien behaupteten Tatsachen unter das gesetzliche Merkmal des „Zugehens“ subsumierte.

c) Es kann sich ausnahmsweise aber auch eine Beweisführung unmittelbar auf das Gegebensein eines gesetzlichen Merkmals (und im äußersten Ausnahmefalle sogar auf das Gegebensein eines behaupteten Rechtsbegriffes) beziehen. So z. B., wenn im Falle des § 127 BGB. der Kläger ein schriftliches außergerichtliches Geständnis des Beklagten vorlegt, in welchem dieser einräumt, daß der fragliche Vertrag zwischen ihm und dem Kläger „brieflich“ oder „telegraphisch“ abgeschlossen worden sei; oder wenn bei einer Klage auf Abnahme und Bezahlung eines angeblich „gekauften“ Hundes der Kläger ein Schreiben des Beklagten vorlegt, in welchem dieser selbst angibt, daß er von dem Kläger dessen Hund „gekauft“ habe.[81])

Auch bei solcher Sachlage entfällt die konkrete rechtliche Beurteilung des Richters vollständig und kommt auch nicht in der veränderten Gestalt der Beweiswürdigung wieder zum Vorschein.

3. Gleichwohl stellen die Behauptung des „brieflichen“ Vertragsschlusses, die Behauptung des „Zugehens“ und die Behauptung des „Kaufes“, wenn sie nicht bloß neben der eigentlichen Tatsachenbehauptung, sondern isoliert auftreten, wirkliche „Tatsachenbehauptungen“ im Sinne des Gesetzes dar. Nur daß freilich Behauptungen dieser Art, welche schon im Tatsachen-Bericht der konkreten rechtlichen Beurteilung des Richters vorgreifen, im Interesse einer zweckmäßigen Prozeßgestaltung zumeist wenig erwünscht sind.[82])

Am allerwenigsten läßt sich bei solcher Sachlage natürlich die Meinung aufrecht erhalten, als müßten gerade diese „gesetzlichen Merkmale“ als die einzigen „erheblichen Tatsachen“ von den Parteien behauptet, bestritten und zur Feststellung gebracht werden. Das Gegebensein eines gesetzlichen Merkmals muß durch Anführung von Tatsachen objektiv begründet werden; niemals braucht das gesetzliche Merkmal selbst behauptet und namhaft gemacht zu werden.

§ 21.

Die Aufhebung der Widersprüche, welche der ideologischen Beweislastauffassung anhafteten.

I. Das Ergebnis: nur der konkreten, auf beliebige Tatsachen bezüglichen Feststellungslast, nicht aber der abstrakten, auf „gesetzliche Urteilsvoraussetzungen" bezüglichen Feststellungslast läuft eine subjektive „Behauptungs-last" der Prozeßparteien parallel.

Wir brauchen uns also nur des Umstandes bewußt zu bleiben, daß es sich bei den sogenannten „Beweislastregeln" des Gesetzes und der Wissenschaft immer nur um die Verteilung der abstrakten und nicht um die Verteilung der konkreten Feststellungslast handelt, so verschwinden alle die oben aufgezeigten praktischen Bedenken gegen die moderne Theorie der Beweislastverteilung mit ihrer weitgehenden Belastung des Klägers. Denn daraus, daß sehr viele gesetzliche Merkmale zur (abstrakten) Feststellungslast einer Prozeßpartei stehen, folgt jetzt noch keineswegs, daß alle diese gesetzlichen Merkmale nun von der interessierten Partei auch behauptet werden müßten. Eine einzige angeführte und demnächst zur Feststellung gebrachte „Tatsache" kann unter Umständen für die konkrete Beurteilung des Richters das Zutreffen einer großen Anzahl von gesetzlichen Urteilsvoraussetzungen begründen. Ist dies der Fall, so hat der Richter das Gegebensein aller dieser Urteilsvoraussetzungen schlechthin von sich aus festzustellen. Daß ihn die Partei besonders darauf hinweise, mag im Einzelfall die größte tatsächliche Bedeutung für den Ausgang des Prozesses haben; eine rechtliche Bedeutung für die Entscheidung des Rechtsstreits hat es nie. So läßt die Darlegung eines Inbegriffs von vernünftig und zweckmäßig geführten Vertragsverhandlungen nicht nur darauf schließen, daß eine „Offerte" und eine „Annahme" dieser Offerte vorliege, sondern auch darauf, daß diese Erklärungen „ernstlich gemeint" gewesen sind und daß beide Parteien beim Abschluß des Vertrages „volljährig und „unbeschränkt geschäftsfähig" waren, [83]) — ohne daß die Ernstlichkeit, Volljährigkeit oder Geschäftsfähigkeit irgendwie ausdrücklich oder auch nur „stillschweigend" von einer der beiden Parteien behauptet zu werden brauchte.

II. Das Gegebensein sämtlicher zur abstrakten Feststellungslast einer Prozeßpartei stehenden „gesetzlichen Merkmale" braucht also nicht, wie Leonhard meint,[84]) von den Parteien „behauptet" und „bewiesen" zu werden. Ihr Gegebensein braucht nur für die konkrete Beurteilung des Richters „begründet" zu werden. Und da die konkrete „Beurteilung" oder „Subsumtion" des Richters gerade so „frei" ist, wie gemäß § 286 ZPO. seine „Beweiswürdigung", so genügen oft schon recht wenige „Tatsachen", um für den Richter das Zutreffen sehr vieler Urteilsvoraussetzungen zu begründen.

§ 22.

Abgrenzung der unmittelbar „erheblichen" Tatsachen von den bloss „indizierenden" Tatsachen.

I. Eine wichtige Frage, welche uns in diesem Zusammenhange noch zu erörtern bleibt, ist die Frage nach den Unterscheidungsmerkmalen zwischen dem Begriff der unmittelbar „erheblichen" und der bloß „indizierenden" Tatsachen.

Diese Unterscheidung ist vom ideologischen Standpunkt aus überaus einfach: eigentlich „erhebliche" Tatsache ist nur das Gegebensein eines gesetzlichen Merkmals. Nur die Behauptung einer solchen gesetzlichen Urteils-Voraussetzung stellt somit die Behauptung einer eigentlich erheblichen Tatsache dar. Durch alle sonstigen Behauptungen werden nur Indizien (oder Beweishilfstatsachen) in das Verfahren eingeführt.

II. Anders die hier vertretene Meinung. Sie betont, daß die Behauptung der gesetzlichen Urteilsvoraussetzungen normalerweise eine zu der eigentlichen Tatsachenbehauptung noch hinzutretende rechtliche Deduktion darstellt und deshalb ohne rechtlichen Schaden für die behauptende Partei auch weggelassen werden kann. Es stellt danach weder die nackte Behauptung der gesetzlichen Merkmale allein, noch auch die Behauptung der gesetzlichen Merkmale „unter Hervorhebung der zur Unterscheidung der gemeinten Wirklichkeiten erforderlichen Umstände"[85]) die reguläre Form dar, in welcher die Behauptung der erheblichen Tatsachen im Zivilprozesse vor sich geht. Vielmehr steht der Richter in der Entscheidung der Frage nach dem Gegebensein oder Nichtgegebensein der gesetzlichen Merkmale völlig frei. Er kann eine gesetzliche Urteilsvoraussetzung als gegeben annehmen, mag sie nun durch eine besondere „Tatsache" belegt sein oder nicht.

1. Das erstere ist der Fall nicht nur, wenn die Partei den gesetzlichen terminus selbst, sondern auch dann, wenn sie ein Wort gebraucht, welches einen logischen Unterbegriff des gesetzlichen Begriffes bezeichnet. Denn die Behauptung des (konkreteren, bestimmungsreicheren) Unterbegriffs enthält stets zugleich die Behauptung des (abstrakteren, bestimmungsärmeren) Oberbegriffs. Der Umstand, daß „ein Zehnmarkstück gegeben ist", ist nicht eine Tatsache, aus deren Vorliegen auf die andere Tatsache, daß „Geld gegeben ist", erst geschlossen werden müßte; der Umstand, daß „B. im Hause des A. die zerbrochenen Fensterscheiben neu eingesetzt hat", ist nicht eine Tatsache, deren erweisliches Vorliegen die andere Tatsache, daß B. „ein Geschäft für einen anderen besorgt hat", nur wahrscheinlich machte. Es ist Ideologie, wenn man von jeder Verschiedenheit der Worte einen Rückschluß auf die Verschiedenheit der gemeinten Wirklichkeiten zieht.

Die behauptete eigentlich erhebliche Tatsache ist in diesen Fällen nicht, daß „Geld gegeben" ist und daß B. „ein Geschäft für einen andern besorgt hat". Vielmehr, daß ein Zehnmarkstück gegeben worden ist und daß B. im Hause des A. die zerbrochenen Fensterscheiben neu eingesetzt hat. Alles weitere wird aus diesen „erheblichen Tatsachen" im Wege der konkreten rechtlichen Beurteilung herausgeholt.

2. Aber auch wo der Richter in freierer Weise zu der Annahme des Gegebenseins einer gesetzlichen Urteilsvoraussetzung gelangt, geschieht dies im Wege der konkreten rechtlichen Beurteilung. Nur ausnahmsweise, wenn das Gegebensein des gesetzlichen Merkmals geradezu als Tatsache behauptet und unter Beweis gestellt wurde, muß die Denktätigkeit, welche den Richter zu der Annahme einer gesetz-

lichen Urteilsvoraussetzung führt, auch einmal als „Beweiswürdigung" vollzogen werden.[86])

Es wende zum Beispiel gegenüber der Wandelungsklage der Beklagte ein, er habe am Abend vor dem Kaufe mit dem Kläger am Biertisch von dem zu verkaufenden Pferde gesprochen und dabei dem Kläger von dem Mangel des Tieres Mitteilung gemacht. Er füge hinzu (oder unterlasse diese Hinzufügung): also habe der Kläger den Mangel bei dem Abschluß des Kaufes „gekannt"; § 460 BGB.[87]) Es ist konkrete rechtliche Beurteilung des vorgetragenen Tatbestandes und nicht Beweiswürdigung, wenn der Richter jetzt nach dem Beweise jenes Wirtshausgespräches die Annahme macht, es habe der Käufer den Mangel der gekauften Sache bei dem Abschluß des Kaufes „gekannt". Nur in einem Falle wird es anders: Wenn der Beklagte sich darauf beschränkt, die „Kenntnis" des Käufers zu behaupten und erst der vom Beklagten benannte Zeuge über jenes Wirtshausgespräch berichtet. In diesem Falle ist die Kenntnis des Käufers selbst die zu beweisende erhebliche Tatsache und die von dem Zeugen berichteten Tatsachen sind bloße Indizien für die Wahrheit dieser von der Partei behaupteten Tatsache.

III. Aus dem bisherigen erhellt schon, wie gering im Grunde der Unterschied zwischen Indizien und unmittelbar erheblichen Tatsachen ist. Oft hängt es gar von der Willkür der Partei ab, ob der Richter ein und dieselben Erwägungen als Beweiswürdigung oder als konkrete rechtliche Beurteilung vollziehen muß.

Bei der freien Subsumtion ebensowohl wie bei der freien Beweiswürdigung kann der Richter mit der bloßen Logik nicht weit kommen. Er muß auf der Grundlage seiner allgemeinen Lebenserfahrung (der präsumptiones hominis seu facti, der Steinschen „Erfahrungssätze") weiterbauend den ihm vorgetragenen Tatbestand-Rohstoff in freiester Weise umformen, ihn nach allen Richtungen hin ergänzen und werten. Die „Verhandlungsmaxime" freilich verliert dabei viel von ihrer praktischen Bedeutung. Es bleibt von ihr eigentlich weiter nichts übrig, als das negative Prinzip, daß der Richter im ordentlichen Prozesse nach Erschöpfung des richterlichen Fragerechts (§ 139 ZPO.) keine Tatsachen mehr im Wege der richterlichen Inquisition[88]) erforschen soll. —

Aber war nicht die Verhandlungsmaxime schon genau so weit aufgegeben, wenn man zwar eine Behauptung noch verlangte, sich aber mit einer ungewollten und unbewußten „stillschweigenden“ Behauptung begnügte? — Und wäre es nicht auch ein heller Unsinn, wollte der Richter den Beklagten zur Wandelung verurteilen, nachdem behauptet und bewiesen ist, daß der Beklagte am Tage vor dem Kauf dem Käufer von dem Mangel der gekauften Sache „Mitteilung gemacht hat“; — lediglich aus dem Grunde, weil nicht „behauptet“ wurde, daß der Käufer den Mangel „bei dem Abschlusse des Kaufes kannte“?

IV. Unmittelbar erheblich sind somit nach der hier vertretenen Meinung alle diejenigen Tatsachen, die für die richterliche Überzeugung die Annahme einer gesetzlichen Urteilsvoraussetzung unmittelbar begründen. Bloße Indizien sind nur diejenigen Tatsachen, welche mit den gesetzlichen Urteilsvoraussetzungen unmittelbar überhaupt nichts zu tun haben, sondern nur den Grund für die Annahme einer völlig anderen Tatsache bilden: z. B. außergerichtliche Geständnisse, welche zeitlich später liegen als die Tatsachen, auf welche es eigentlich ankommt.

Ausnahmsweise können alle eigentlich erheblichen Tatsachen zu bloßen Indizien herabgedrückt werden dadurch, daß die Partei sich darauf beschränkt, das Gegebensein einer gesetzlichen Urteilsvoraussetzung als Tatsache zu behaupten und unter Beweis zu stellen.

§ 23.

Die Beweislast bei der Begründung des „besonderen“ Urteilsinhalts.

I. 1. Zu dem Inhalt eines Prozeßurteils gehört regelmäßig mehr, als die bloße Feststellung der Anwendbarkeit einer gesetzlichen Vorschrift, mehr als die Feststellung des im Gesetz durch Gattungsbegriffe beschriebenen Rechtsfolgeninhalts. Ein Prozeßurteil, welches dahin lautete, daß „eine Darlehensschuld des Beklagten gegenüber dem Kläger bestände (§ 607 BGB.)“, wäre regelmäßig zu unbestimmt, um den praktischen Bedürfnissen des Rechtslebens zu genügen. Vielmehr gehören zum Inhalte des Prozeßurteils regelmäßig noch gewisse nähere Bestimmungen darüber, was denn die Anwendbarkeit der gesetzlichen Vorschrift (das Gegebensein der gesetzlich bestimmten Rechtsfolgeninhalts) gerade für diesen bestimmten Einzelfall bedeutet; — z. B. die urteilsmäßige Feststellung geht dahin, „daß der Beklagte dem Kläger 200 Mk. aus Darlehen schulde".

2. Es treten daher zu den allgemeinen Voraussetzungen, welche zutreffen müssen, soll die Anwendbarkeit der in Frage kommenden Gesetzesvorschrift begründet sein, nach Anweisung eben dieser Gesetzesvorschrift noch eine Reihe „besonderer" Voraussetzungen, von welchen es abhängt, ob infolge der Anwendbarkeit dieser Gesetzesvorschrift gerade der bestimmte Anspruch des Klageantrags begründet erscheint. Das Gesetz (§ 607 BGB.) sagt nur, daß der Darlehnsschuldner zur Zurückerstattung „des Empfangenen" verpflichtet ist. Soll die Feststellung des Prozeßurteils, wonach der beklagte Darlehnsschuldner „200 Mk." zurückerstatten muß, begründet sein, so müssen infolgedessen nicht nur die allgemeinen Voraussetzungen feststehen, daß der Beklagte „Geld als Darlehen empfangen hat", sondern es muß überdies auch noch die besondere Urteilsvoraussetzung feststehen, daß der Darlehnsschuldener „200 Mk." empfangen hat. — Ein sehr bekanntes Beispiel bietet hier die Schadensersatzklage dar. Bei dieser bedarf es zur Begründung des dem Klageantrag entsprechenden Prozeßurteils nicht nur der Feststellung, daß aus der schuldhaften rechtswidrigen Handlung „ein Schaden entstanden ist" (§ 823 BGB.). Es bedarf regelmäßig dazu noch der Feststellung, daß dieser Schaden mindestens die den bestimmten Ansprüchen des Klageantrags entsprechende Höhe gehabt hat; — das Gesetz selbst bestimmt den Inhalt der Rechtsfolge einer unerlaubten Handlung nur allgemein dahin, daß der Verletzer dem Verletzten zum Ersatze „des aus der Handlung entstandenen Schadens" verpflichtet sein soll; — cf. auch die Unterscheidung dieser beiden Feststellungen in § 287 ZPO.

Weitere deutliche Beispiele bieten sich in denjenigen gesetzlichen Vorschriften, welche einem Unterhaltsberechtigten den Anspruch auf „angemessenen" oder „standesmäßigen" oder „notdürftigen" Unterhalt gewähren; cf. §§ 1610/1611

BGB. Man denke besonders auch an den Anspruch des unehelichen Kindes auf den „der Lebensstellung der Mutter entsprechenden Unterhalt".

3. Auch mit Bezug auf diese Voraussetzungen des besonderen Urteilsinhalts gibt es „Beweislastregeln". So z. B. die Regel, welche die Höhe des entstandenen Schadens, und die Regel, welche die Angemessenheit des geforderten Unterhalts zur „Beweislast" des Gläubigers stellt.

Diese Regeln haben wir bisher der Einfachheit halber unberücksichtigt gelassen. Auch bei der Frage nach der Anwendung dieser Regeln aber offenbart sich, und hier gerade besonders deutlich, der Gegensatz von ideologischer und realistischer Beweislastauffassung.

II. Nach ideologischer Auffassung bedürfen nicht nur die allgemeinen, sondern ebenso auch die besonderen Urteilsvoraussetzungen (gesetzlichen Merkmale) der Behauptung und des Beweises. Nach ideologischer Auffassung müßte daher der Darlehnskläger behaupten und unter Beweis stellen: Erstens, daß der Beklagte von ihm „Geld als Darlehen empfangen" habe; zweitens, daß die vom Beklagten „empfangene" Summe 200 Mk. betragen habe. — Der Kläger, welcher 42 Mk. Schadenersatz fordert, dürfte sich, nachdem festgestellt ist, daß er vom Beklagten widerrechtlich aus seiner Stellung entlassen worden ist, nicht damit begnügen, zu behaupten und zu beweisen, daß er vor seiner Entlassung täglich 3 Mk. verdient habe und daß er nach seiner Entlassung 14 Tage lang stellenlos geblieben sei. Er müßte daneben noch — wenn auch nur „stillschweigend" — behaupten, daß der ihm aus der Handlung des Beklagten „entstandene Schaden" 42 Mk. betrage. Erst nach dieser einführenden „Behauptung" könnte die „freie Beweiswürdigung" des § 287 ZPO. Platz greifen. Den Mangel der Behauptung dagegen könnte sie nicht ersetzen. — Wenn feststeht, daß der B. und sonst niemand der Mutter des A. innerhalb der Empfängniszeit beigewohnt hat (§ 1717 BGB.), so dürfte sich jetzt nach der ideologischen Auffassung der auf 40 Mk. monatlichen Unterhalt klagende A. nicht damit begnügen, zu behaupten und zu beweisen, daß seine Mutter ein regelmäßiges Einkommen von monatlich 200 Mk. habe. Er müßte vielmehr dazu noch die „erhebliche Tatsache“ behaupten, daß „40 Mk. monatlichen Unterhalts der Lebensstellung seiner Mutter entsprächen“. Und seine Klage müßte abgewiesen werden, wenn er die Behauptung dieser „erheblichen Tatsache“ unterlassen hätte. Nicht der Richter hätte über die Angemessenheit des geforderten Unterhalts zu befinden, sondern die Parteien hätten durch Behauptung und Beweis die Frage der Angemessenheit zum Austrag zu bringen.

Wie sollte sonst die „Beweislastregel“ unmittelbare Anwendung finden können, nach welcher, wenn die Höhe des Schadens, die Angemessenheit des geforderten Unterhalts streitig ist, den Berechtigten die „Beweislast“ trifft?

III. Ganz anders entwickelt sich der wirkliche Prozeß, der den Konstruktionen der realistischen Beweislastauffassung zugrunde liegt.

1. Im wirklichen Prozesse hat der Richter auf Grund der tatsächlichen Angaben der Parteien von sich aus festzustellen, daß die dem Darlehnskläger „zurückzuerstattende empfangene Summe“ in diesem Falle 200 Mk. beträgt, — daß die Verpflichtung des Arbeitgebers zur Erstattung des durch die unberechtigte Entlassung „entstandenen“ Schadens in diesem Falle eine Verpflichtung zur Zahlung von 42 Mk. bedeutet, — daß die Verpflichtung des unehelichen Vaters zur Zahlung des „der Lebensstellung der Mutter entsprechenden“ Unterhalts in diesem Falle eine Verpflichtung zur Zahlung von monatlich 40 Mk. bedeutet.[89])

Daher folgt auch aus der abstrakten „Beweislastregel“, welche dem Unterhaltungsberechtigten die „Beweislast“ für die „Angemessenheit“ des geforderten Unterhalts zuweist, nicht unmittelbar die konkrete Beweislast des Kindes für seine bestrittene Behauptung, daß seine verstorbene Mutter vor ihrem Tode ein regelmäßiges Einkommen von monatlich 200 Mk. gehabt habe. Erst der Richter stellt im Wege der konkreten Beurteilung fest, daß mit der Frage der Wahrheit oder Unwahrheit dieser Tatsache auch die Frage der Angemessenheit des im Klageantrage geforderten Betrages von monatlich 40 Mk. unentschieden bleibt. Erst nach dieser Feststellung ist die abstrakte „Beweislastregel“ anwendbar, welche für diesen Fall den Richter anweist, das Nichtbestehen einer so hohen Unterhaltungsverpflichtung festzustellen, indem er den Klaganspruch in der den zugebilligten niedrigeren Betrag übersteigenden Höhe „als unbegründet“ abweist.

2. Zu bemerken ist noch, daß in der Praxis, im wirklichen Prozesse, oft die nämlichen „tatsächlichen Behauptungen“ der Parteien gleichzeitig zur Begründung beider Teile des Gesamtinhalts eines Prozeßurteils dienen werden.

Der Grund dieser Erscheinung ist einfach zu erkennen: Die Ereignisse und Zustände, in welchen in der konkreten Wirklichkeit die gesetzlichen Merkmale der Anwendbarkeit einer objektiven Rechtsvorschrift gegeben sind, enthalten häufig zugleich das gesamte Material zur Bestimmung des für diesen konkreten Fall gegebenen besonderen Rechtsfolgeninhalts. Die tatsächlichen Vorgänge, welche den „Empfang von Geld als Darlehn“ darstellen, begründen zugleich den Umstand, daß die gesetzliche Verpflichtung des Darlehnsnehmers zur „Zurückerstattung des Empfangenen“ in diesem konkreten Falle eine Verpflichtung zur Zurückerstattung von „200 Mk.“ bedeutet.[90]) — Auch die Prozeßbehauptungen der Parteien werden daher häufig die für die Begründung des allgemeinen Urteilsinhalts und die für die Begründung des besonderen Urteilsinhalts erheblichen tatsächlichen Angaben in eins zusammenfassen. Erst der Richter stellt dann im Wege der konkreten Beurteilung fest, welche Voraussetzungen des allgemeinen und welche Voraussetzungen des besonderen Urteilsinhalts infolge der Nichtfeststellung der einzelnen von den Parteien behaupteten Tatsachen zweifelhaft bleiben. Erst dann kann eine Anwendung der abstrakten „Beweislastregeln“ stattfinden.

IV. Da die Anwendung der auf die besonderen Urteilsvoraussetzungen abgestellten „Beweislastregeln“ prinzipiell in der gleichen Weise erfolgt, wie die Anwendung der auf die allgemeinen Urteilsvoraussetzungen abgestellten Beweislastregeln, so wird dieser Gegensatz in den folgenden Ausführungen nicht mehr besonders hervorgehoben werden. Als „Beweislastregeln“ werden im folgenden ununterschieden sowohl diejenigen Normen bezeichnet werden, welche eine gesetzliche Voraussetzung des „besonderen“ Urteilsinhalts zur abstrakten Feststellungslast einer Prozeßpartei stellen, als auch diejenigen Regeln, welche eine gesetzliche Voraussetzung des „allgemeinen" Urteilsinhalts zur abstrakten Feststellungslast einer Partei stellen.

§ 24.

Die Beweislast und die Auslegung von Rechtsgeschäften.

I. 1. Der Gegensatz von abstrakter und konkreter Feststellungslast, zugleich die Unrichtigkeit der beide identifizierenden ideologischen Auffassung, tritt in eine neue, hellere Beleuchtung, wenn wir jetzt besonders diejenigen „Beweislastregeln" in Betracht ziehen, welche die Feststellung, daß eine rechtsgeschäftliche Willenserklärung mit einem bestimmten Inhalt (einer bestimmten Bedeutung) erfolgt oder nicht erfolgt sei, zur „Beweislast" eines Beteiligten stellen.

Ein Beispiel möge uns in die Fragestellung hineingeleiten:

2. Es werde in einem konkreten Prozesse durch die Prozeßverhandlungen der Parteien (Behauptungen, Bestreitungen, formelle Feststellungsakte, Beweisführungen) folgendes festgestellt:

Die Parteien haben seinerzeit diese oder jene Worte gesagt oder sich stillschweigend in dieser oder jener Weise benommen; etwa: Der Beklagte ist an das Bahnhofsbüfett herangetreten und hat unter Zusehen des Büfettmädchens von den für die Reisenden aufgestapelten Brötchen eines genommen und verzehrt.[91])

Der Kläger begehrt die sofortige Bezahlung eines Kaufpreises von 20 Pfennig.

3. Nach der ideologischen Auffassung wären durch diese Feststellungen erst die „Indizien" festgestellt für die eigentlich erheblichen und behauptungsbedürftigen „Tatsachen", daß der Inhaber des Bahnhofsrestaurants durch seine Bevollmächtigte (§ 56 HGB.) sich dem Reisenden gegenüber verpflichtet hat, ihm eine Sache (das Brötchen) zu übergeben und ihm das Eigentum an dieser Sache zu verschaffen; — daß sich der Reisende dem Inhaber des Bahnhofsrestaurants gegenüber durch dessen Bevollmächtigte unbedingt und ohne Vereinbarung einer Zahlungsfrist verpflichtet hat, ihm die gekaufte Sache (das Brötchen)

abzunehmen und ihm den vereinbarten (!) Kaufpreis von 20 Pfennig zu zahlen (§ 433 BGB.); — daß der Inhaber des Bahnhofsrestaurants die ihm aus diesem gegenseitigen Vertrage erwachsene Verpflichtung auch durch seine Bevollmächtigte erfüllt hat; — daß beide Kontrahenten „volljährig" und „unbeschränkt geschäftsfähig" waren, daß ihre Willenserklärungen „ernstlich gemeint" gewesen sind, und dergleichen gesetzliche Urteilsvoraussetzungen noch viele andere mehr.

Solange irgend eine dieser Urteilsvoraussetzungen nicht — ausdrücklich oder „stillschweigend" — behauptet wurde, ist die Klage des Bahnhofsrestaurateurs als unbegründet abzuweisen, weil es der Kläger an der Behauptung einer „erheblichen Tatsache" hat fehlen lassen.

4. Nach der realistischen Auffassung dagegen sind in unserm Beispiel die durch die Prozeßverhandlungen der Parteien festgestellten Vorgänge keine bloßen Indizien, sondern selbst schon die für die Prozeßentscheidung „erheblichen" Tatsachen. Die Wahrheit dieser Tatsachen genügt vollständig, um für die konkrete rechtliche Beurteilung (Auslegung) des Richters sämtliche oben formulierte Voraussetzungen eines den Beklagten verurteilenden Prozeßurteils zu begründen. Etwas anderes als diese tatsächlichen Vorgänge braucht daher auch weder behauptet noch bewiesen zu werden. Die Frage, welche „Bedeutung" diese tatsächlichen Vorgänge haben, ob sie einen „Vertragsschluß mit dem in Betracht kommenden Inhalt" darstellen, ist reine Rechtsfrage und keine durch die Prozeßverhandlungen der Parteien zum Austrag zu bringende quaestio facti. [92])

5. Allgemeiner, und in Abstraktion von dem soeben besprochenen Beispiel, ist über den Gegensatz zwischen ideologischer und realistischer Auffassung mit Bezug auf die Anwendung der jetzt erörterten Sondergruppe von „Beweislastregeln" folgendes zu sagen:

II. 1. Die ideologische Auffassung stellt zur „Behauptungs- und Beweislast" nicht die beliebigen Tatsachen, durch deren Auslegung der Richter im Wege der konkreten rechtlichen Beurteilung zu der Annahme einer inhaltlich bestimmten Willenserklärung gelangt. Sie stellt vielmehr den Umstand selbst, daß eine Erklärung mit einer bestimmten Bedeutung abgegeben sei, daß ein Vertrag mit einem bestimmten Inhalt abgeschlossen sei, — sie stellt diese Umstände selbst zur Behauptungslast und zur Beweislast der Prozeßparteien. So wird z. B. die „Beweislastregel", nach welcher „der Gläubiger den unbedingten Abschluß beweisen muß, wenn der Schuldner sich auf die Vereinbarung einer Suspensivbedingung beruft", — von der ideologischen Auffassung dahin verstanden, daß im Prozesse nun der klagende Gläubiger die „Unbedingtheit" behaupten und beweisen müsse.

2. Nach der ideologischen Auffassung muß also, wer aus einem Vertrage klagt, behaupten und nötigenfalls auch beweisen, daß ein Vertrag mit dem in Frage kommenden Inhalt zwischen ihm und dem Beklagten abgeschlossen worden sei.

Ganz anders nach der realistischen Beweislastauffassung.

a) Nach dieser kann allerdings der Kläger auch etwas Derartiges als Tatsache behaupten.[93]) Denn der Inhalt oder die Bedeutung einer Erklärung ist zwar selbst keine Tatsache, aber der Satz, daß eine Erklärung bestimmten Inhalts abgegeben sei, ist ein Tatsachenurteil, eine „Tatsache" im Sinne der ZPO. Räumt der Beklagte die so formulierte Behauptung des Klägers ein, so wird dem Richter die Auslegung des Rechtsgeschäfts entzogen. Das Zutreffen dieser Urteilsvoraussetzung steht jetzt als „Tatsache" fest. Bestreitet der Beklagte die so formulierte Behauptung des Klägers, so hat der Richter zunächst darauf hinzuwirken, daß der Kläger die von ihm behaupteten Tatsachen konkreter bezeichne. Verweigert der Kläger dies und stellt seine Behauptung so, wie sie ist, unter Beweis, so kommt es vielleicht noch zu einer Auslegung. Aber diese Auslegung erfolgt jetzt in der oben im § 20 IV beschriebenen Weise im Wege der „Beweiswürdigung" und nicht im Wege der konkreten rechtlichen Beurteilung. Die eigentlich erheblichen Tatsachen — die Angaben über den konkreten Erklärungsvorgang — sind hier zu bloßen „Indizien" geworden.

b) Wir sagten: Auch nach der realistischen Auffassung kann der Kläger behaupten, daß ein Vertrag mit dem in Frage kommenden Inhalt abgeschlossen sei. Es ist aber eine solche Art der Tatsachenbehauptung nicht erwünscht. Und vor allem: Der Kläger b r a u c h t dergleichen nicht zu behaupten. Es besteht auch hier keine rechtliche Deduktionslast. Der Kläger kann sich also darauf beschränken, den konkreten Vorgang zu beschreiben, dasjenige konkrete Verhalten seiner selbst und des Beklagten zu behaupten und zu beweisen, welches die Annahme des Abschlusses eines Vertrages mit dem in Frage kommenden Inhalt objektiv (für den Richter) „begründet". Und es ist Sache des Richters, durch rechtliche Beurteilung des feststehenden Sachverhältnisses — welche rechtliche Beurteilung in diesen Fällen eben „Auslegung" heißt — zu ergründen, ob in dem mitgeteilten konkreten Verhalten der beiden Parteien eine „Offerte" der einen Partei und eine „Annahme" dieser Offerte seitens der andern Partei gesehen werden kann und ob der Inhalt (die Bedeutung) der Offerte und der Annahmeerklärung dem Klagantrag entspricht.[94]) Eine „Beweiswürdigung", eine lediglich „tatsächliche" Beurteilung feststehender Tatsachen zum Zwecke der Feststellung einer behaupteten erheblichen Tatsache, steht bei der Auslegung von Rechtsgeschäften normaler Weise — abgesehen von dem oben im § 20 IV erörterten Ausnahmefall — überhaupt nicht in Frage.

3. Für die Anwendung der hier ins Auge gefaßten Sondergruppe von abstrakten „Beweislastregeln" ergibt sich hieraus folgendes:

Der Umstand, daß eine „Willenserklärung" mit einer bestimmten „Bedeutung" abgegeben worden ist, daß ein „Vertrag" mit einem bestimmten „Inhalt" abgeschlossen wurde, die „Bedingtheit" und die „Unbedingtheit" einer Erklärung, der Umstand, daß eine Sache „gekauft", zu „Darlehen" gegeben, „vermietet" wurde, — alle diese Umstände können nur zur a b s t r a k t e n Feststellungslast der Prozeßparteien stehen, brauchen von diesen weder „behauptet" noch „bewiesen" zu werden. Zur k o n k r e t e n Feststellungslast, zur Behauptungslast und zur eigentlichen Beweislast stehen nur die beliebigen Tatsachen, durch welche die Parteien objektiv begründen, daß eine „Willenserklärung" überhaupt abgegeben ist,[95]) und daß diese Willenserklärung die ihren Anspruch rechtfertigende „Bedeutung" objektiv gehabt hat.

Diese Erkenntnis wird uns bei der Erörterung des „qualifizierten Geständnisses" große Dienste leisten. Denn gerade nur für rechtsgeschäftliche Tatbestände pflegen in der Literatur gewisse Probleme unter dem Namen der Streitfrage des „qualifizierten Geständnisses" erörtert zu werden. [96])

III. Die Unhaltbarkeit der ideologischen Auffassung tritt deutlicher zu Tage, wo in einem Prozesse über dispositive Rechtsfolgen entschieden werden soll, als in den früher erörterten Prozessen, in welchen über unmittelbar gesetzliche Rechtsfolgen entschieden wurde.

Denn wenn man mit der ideologischen Auffassung dem Richter die Aufgabe der konkreten rechtlichen Beurteilung entzieht, so wird dieser Irrtum desto fühlbarer sein, je größer die praktische Bedeutung der konkreten und je geringer die praktische Bedeutung der abstrakten rechtlichen Beurteilung wird. Während nun in Prozessen um unmittelbar gesetzliche Rechtsfolgen die Aufgaben der konkreten und abstrakten rechtlichen Beurteilung ungefähr die gleiche Wichtigkeit in Anspruch nehmen können, verschiebt sich dieses Verhältnis stark zu ungunsten der abstrakten Beurteilung dann, wenn es sich um die prozessuale Feststellung dispositiver Rechtsfolgen handelt.

So wird insbesondere in einem Prozesse um die Rechtsfolgen eines unbenannten Vertrages (§ 305 BGB.) der ganze Streit sich zumeist um die eine Frage drehen, ob die Partei das Schuldverhältnis a „durch Vertrag vereinbart" habe oder nicht. Ob nun diese Voraussetzung zutreffe oder nicht, darüber entscheidet keine abstrakte, sondern lediglich die konkrete rechtliche Beurteilung: Der Richter stellt durch „Auslegung" fest, ob in bestimmten Handlungen oder Unterlassungen der Beteiligten „ein Vertragsschluß zum Zwecke der Begründung des Schuldverhältnisses a" gesehen werden kann. — Entzieht man also dem Richter auch in diesem Falle die konkrete rechtliche Beurteilung, läßt man den Umstand, daß „ein Vertragsschluß zum Zwecke der Begründung des Schuldverhältnisses a" stattgefunden habe, durch die Prozeßverhandlungen der Parteien zur Feststellung bringen, so bleibt dem Richter jetzt weiter nichts übrig, als je nach dem Ergebnis der Tatsachenfeststellungsakte dem Klagantrage zu entsprechen oder den

Klagantrag abzuweisen. Seine Mitwirkung an der Findung des Prozeßurteils geschieht also nur noch im Wege einer Beweiswürdigung; die Notwendigkeit irgend einer rechtlichen Beurteilung des prozessual festgestellten Tatbestandes dagegen ist hier bis auf wenige praktisch unwichtige Überreste (Prüfung der Prozeßvoraussetzungen und der „allgemeinen“ Rechtsfolgevoraussetzungen) beseitigt.

IV. 1. Wir wissen aus unsern bisherigen Ausführungen: Der durch die Auslegung eines konkreten menschlichen Verhaltens festzustellende Umstand, daß eine Willenserklärung mit einer bestimmten Bedeutung abgegeben sei, ist keine „erhebliche Tatsache“, die im Prozesse behauptet und unter Umständen bewiesen werden müßte; das Zutreffen dieser Urteilsvoraussetzung braucht nur durch Anführung von Tatsachen für die rechtliche Beurteilung (Auslegung) des Richters begründet zu werden.

Ähnliches gilt nun auch für den Umstand, daß der Erklärende den der Bedeutung seiner Erklärung entsprechenden inneren Willen wirklich gehabt habe, daß er eine Erklärung dieses Inhalts auch wirklich habe abgeben wollen.

2. Dieser letztere Umstand gehört aus doppeltem Grunde nicht zu den für die prozessuale Entscheidung über dispositive Rechtsfolgen „erheblichen Tatsachen“.

a) Nach richtiger Ansicht gehört der Umstand, daß das Subjekt einer Willenserklärung den der Bedeutung seiner Erklärung entsprechenden inneren Willen wirklich gehabt habe, gar nicht einmal zu den Voraussetzungen, welche zutreffen müssen, wenn der Schluß auf das Gegebensein einer dispositiven Rechtsfolge soll vollzogen werden können. Die Frage, ob der Erklärende den seiner Erklärung entsprechenden inneren Willen wirklich gehabt habe, hat erst für die Anfechtung einer rechtsgeschäftlichen Willenserklärung, somit erst für die nachträgliche Vernichtung bereits eingetretener dispositiver Rechtsfolgen eine gewisse Bedeutung und ist für die Frage des — vorläufigen oder endgültigen — „Gegebenseins“ der dispositiven Rechtsfolgen gänzlich bedeutungslos.[97)] [98)]

b) Aber auch wenn man nicht von dieser „objektiven Erklärungstheorie“ sondern von einer „subjektiven Willenserklärungstheorie“ ausgeht und darum zur Begründung einer dispositiven Rechtsfolge neben der Willens-Erklärung noch den entsprechenden inneren Willen des Erklärenden verlangt [99]), so verwandelt man dadurch den Umstand, daß dieser innere Wille wirklich vorgelegen habe, daß der Willensinhalt und die Bedeutung der Erklärung übereingestimmt haben, immer noch nicht in eine erhebliche, behauptungs- und beweisbedürftige Tatsache, sondern vermehrt damit nur die Zahl der feststellungsbedürftigen „Urteilsvoraussetzungen“: Neben den bisher schon berücksichtigen Voraussetzungen muss jetzt auch noch diese auf den inneren Willen abgestellte Urteilsvoraussetzung für die konkrete rechtliche Beurteilung des Richters begründet werden, wenn für die abstrakte rechtliche Beurteilung des Richters das Gegebensein der dispositiven Rechtsfolge zureichend begründet sein soll. Dabei bedarf es zur Begründung des Zutreffens dieser Urteilsvoraussetzung regelmässig nicht einmal der Anführung besonderer Tatsachen. Da nämlich ein „Erfahrungssatz“ dafür spricht, dass der innere Wille des Erklärenden mit der Bedeutung seiner Erklärung übereinstimmt, so wird regelmässig die Anführung der den Erklärungsvorgang darstellenden Tatsachen genügen, um für die konkrete rechtliche Beurteilung des Richters sowohl den Umstand, dass eine rechtsgeschäftliche Willenserklärung mit einer bestimmten Bedeutung stattgefunden habe, als auch damit zugleich den Umtand, dass ein entsprechender innerer Willensinhalt vorgelegen habe, bis auf weiteres ausser Zweifel zu stellen. —

3. Auch nach der „subjektiven Willenserklärungstheorie“ braucht also der Umstand, daß die Beteiligten eine Erklärung dieses Inhalts wirklich haben abgeben wollen, nicht als Tatsache behauptet und bewiesen zu werden. Es steht somit dieser Umstand auch nach der subjektiven Willenserklärungstheorie nur zur abstrakten und nicht zur konkreten Feststellungslast der Prozeßparteien. — Nach der „objektiven Erklärungstheorie“ aber steht der bezeichnete Umstand auch nicht einmal zur abstrakten Feststellungslast, da die Frage seines Vorliegens oder Nichtvorliegens für die Feststellungen des Prozeßurteils überhaupt keine Bedeutung hat. — Nach keiner von beiden Theorien ist der

Umstand, daß der Erklärende den der Bedeutung seiner Erklärung entsprechenden inneren Willen wirklich gehabt hat, eine erhebliche und zur konkreten Feststellungslast einer Prozeßpartei stehende „Tatsache“; nach keiner von beiden Theorien ist die Auslegung der Erklärungstatsachen eine auf die Feststellung der Wahrheit einer erheblichen Tatsache abzielende „Beweiswürdigung“.

Vierter Abschnitt.

Die praktische Bedeutung der Beweislastregeln im Zivilprozess.

§ 25.

Vorbemerkung. Der Tatbestand der Beweislastregeln. Die angebliche Bedeutungslosigkeit der Beweislastregeln. Der Inhalt der Beweislastfolgen im Zivilprozesse.

I. Die Beweislastregeln knüpfen an den Tatbestand des Ungewißbleibens eines gesetzlichen Merkmals die Verpflichtung des Prozeßrichters, eine der belasteten Partei rechtlich nachteilige Entscheidung zu fällen.

Wollen wir uns ein anschauliches Bild von der Bedeutung dieser Regeln machen, so müssen wir einerseits die Bedingungen erörtern, welche vorliegen müssen, wenn der Tatbestand einer Beweislastregel — das Ungewißbleiben eines gesetzlichen Merkmals — vorliegen soll, anderseits die Beweislastfolgen — die Entscheidungen, welche auf Grund des Anwendbarwerdens einer Beweislastregel gefällt werden[100]) — selbst einer näheren Betrachtung unterwerfen.

II. 1. Wir wissen: Die Frage, ob ein gesetzliches Merkmal gegeben oder nicht gegeben ist, hängt davon ab, ob gewisse „Tatsachen“, welche eine Partei zur Begründung dieses gesetzlichen Merkmals behauptet hat oder behaupten könnte, wahr oder unwahr sind. Es kann daher eine bestimmte Antwort auf diese Frage immer dann und nur dann nicht gegeben werden, wenn von einer solchen begründenden „Tatsache“ weder feststeht, daß sie wahr, noch daß sie unwahr sei. Nur in diesem Fall ist der Tatbestand der Anwendbarkeit einer „Beweislastregel" gegeben.

Von dieser realistischen Auffassung aus erscheint bei einer Reihe von Fällen, welche nach ideologischer Auffassung als Fälle der Anwendbarkeit einer Beweislastregel anzusprechen wären, der Tatbestand einer Beweislastregel nicht gegeben. Das sind die Fälle, wo zwar dem Richter alle tatsächlichen Unterlagen, die er für seine Entscheidung braucht, unterbreitet und bewiesen sind, der Richter aber in seiner konkreten Beurteilung, insbesondere bei der Auslegung von Willenserklärungen zu keinem Ergebnisse darüber kommt, ob in diesen festgestellten Tatsachen das gesetzliche Merkmal gegeben oder nicht gegeben ist. Es wird z. B. dem Richter genau gesagt und bewiesen, was ein bestimmter Mensch zu einer bestimmten Zeit getan und unterlassen hat; der Richter bleibt aber im Zweifel darüber, ob er diese Handlungen und Unterlassungen als eine „Fahrlässigkeit" ansehen soll oder nicht.

Bei konsequenter Durchführung der ideologischen Auffassung, welche in den gesetzlichen Merkmalen selbst die erheblichen Tatsachen sieht und deren Behauptung und Beweis von den Parteien erwartet, würde der Richter auch in derartigen Fällen den Tatbestand des „Ungewißbleibens einer erheblichen Tatsache" für erfüllt ansehen und auf diesen Tatbestand gemäß der ideologischen Auffassung die abstrakten Beweislastregeln unmittelbar anwenden können.

In einem ganz anderen Lichte erscheinen diese Fälle, wenn wir von der realistischen Beweislastauffassung ausgehen: Kein Zweifel, daß ein jeder Begriff und somit auch der als „gesetzliches Merkmal" fungierende Begriff immer entweder gegeben oder nicht gegeben ist. Dann ist aber auch in allen diesen Fällen gar keine unaufklärbare Ungewißheit über das Gegebensein oder Nichtgegebensein des gesetzlichen Merkmals mehr vorhanden. Der Richter braucht nur seine natürliche Urteilskraft anzuwenden, um so entweder zu der Annahme des Gegebenseins oder zu der Annahme des Nichtgegebenseins des „gesetzlichen Merkmals" zu kommen. Wenn alle in Betracht kommenden Tatsachen feststehen, so ist auf die Frage nach dem Gegebensein oder Nichtgegebensein der gesetzlichen Merkmale immer eine bestimmte positive oder negative Antwort möglich; die Frage bleibt nicht unentscheidbar; — der Tatbestand der Anwendbarkeit einer „Beweislastregel“ ist daher in solchen Fällen nicht gegeben.

2. Diese allgemeinen Darlegungen werden gut illustriert durch folgenden vor kurzem in einer englischen Zeitschrift mitgeteilten und kritisierten praktischen Fall: [101])

Ein Automobilomnibus war auf einer nassen Straße ausgeglitten und hatte einen Passanten verletzt. Streitig war unter den Parteien, ob um dieser Tatsachen willen (nicht etwa wegen sonst noch in Frage stehender besonderer Umstände) eine „Fahrlässigkeit“ des Omnibusführers anzunehmen sei oder nicht. Der Richter hatte darauf in der Begründung seines Urteils die „Beweislastfrage“ erörtert, ob dem Kläger der Beweis der Fahrlässigkeit oder umgekehrt (auf Grund einer besonderen, auf dem Kontinent unbekannten gesetzlichen Vermutung) dem Beklagten der Beweis der gehörigen Sorgfalt obläge. — Zutreffend bemerkt hierzu der Kritiker:

Now in the present case there were no facts to be proved. All the essential facts were absolutely clear and beyond dispute, and no shifting of the „onus probandi“ on the basis of that maxim (Beweislastregel) was needed or indeed possible. The only question was: Does the user of a motor omnibus on a wet road constitute negligence? Such a question, however, is not in the nature of a fact but in that of an opinion formed on facts (for Judge or Jury as the case may be, to pronounce). For this reason I believe the maxim (Beweislastregel) cannot apply and should not have been dragged in.

Von ähnlichen Fällen wird noch im besonderen Teil dieser Abhandlung gesprochen werden. Für jetzt genügt schon dieses einzige Beispiel, um Klarheit darüber zu schaffen, daß es Ideologie ist, die Zweifel des Richters über die Frage der Anwendbarkeit eines Gesetzes auf einen feststehenden Sachverhalt als Zweifel über die Wahrheit oder Unwahrheit einer rechtserheblichen „Tatsache“ anzusehen. Der Zweifel über das Gegebensein oder Nichtgegebensein eines gesetzlichen Merkmals ist nach r e a l i s t i s c h e r Auffassung nur dann ein unaufklärbarer, wenn ihm ein Zweifel über die Wahrheit oder Unwahrheit einer zur Begründung dieses gesetzlichen Merkmals erforderlichen „Tatsache“ zu Grunde liegt.

III. 1. Man könnte daher auch für unseren Zivilprozeß das ganze Problem der Beweislast mit einem Schlage beseitigen, würde man — in analoger Nachahmung eines bekannten athenischen Staatsgesetzes — den Richter anweisen, sich über die Wahrheit oder Unwahrheit einer jeden erheblichen Tatsache, gleichviel ob sie eingeführt oder nicht eingeführt, ob sie zum Beweis verstellt oder nicht zum Beweis verstellt ist, unter allen Umständen schlüssig zu machen.[102]) Dann würde die Feststellung der Wahrheit der Tatsache der einen Partei schaden, die Feststellung ihrer Unwahrheit der anderen Partei; eine Ungewißheit über die Wahrheit einer Tatsache aber, welche eine Ungewißheit über ein gesetzliches Merkmal und damit die Anwendbarkeit einer „Beweislastregel“ begründete, könnte überhaupt nicht mehr vorkommen. Eine Beweislast in unserem Sinne gäbe es also überhaupt nicht.

2. Unrichtig aber ist es, wenn man bisweilen angenommen hat, daß eine solche Reform des Zivilprozesses schon durch die Einführung des Prinzips der „freien Beweiswürdigung“ zur Durchführung gebracht wäre.[103])[104]) Dies ist unrichtig aus zwei Gründen:

a) Erstens kann eine „freie“ Beweiswürdigung stets auch zu einem non liquet führen. Es bedarf einer bestimmten „Bindung“ der Beweiswürdigung, will man die alternative Entscheidung wahr oder unwahr bezüglich aller tatsächlichen Behauptungen *erzwingen*, nicht bloß bezüglich derjenigen tatsächlichen Behauptungen *ermöglichen*, bei denen die „freie“ Überzeugung des Richters von selbst zu einem bestimmten positiven oder negativen Ergebnisse gelangt. Eine solche „Bindung“ kann als Inhalt der lex lata des § 286 ZPO. nicht nachgewiesen werden.[105])

b) Zweitens bezieht sich das Prinzip der freien Beweiswürdigung im Zivilprozeß überhaupt nur auf tatsächliche „Behauptungen“ der Parteien, nicht aber auf alle, auch die nichteingeführten, möglicherweise wahren oder unwahren Tatsachen.

Eine Tatsache kann daher auch aus dem Grunde ungewiß bleiben, weil sie in das Verfahren nicht eingeführt, im Prozesse gar nicht „behauptet“ wurde.[106]) Infolgedessen würden selbst unter Voraussetzung jener Notwendigkeit einer alternativen Entscheidung über die Wahrheit oder Unwahrheit tatsächlicher „Behauptungen“ die Beweislastregeln doch immer noch anwendbar werden können, weil es ja zu einer solchen „Beweiswürdigung“ gar nicht kommen kann, wenn eine einzuführende Tatsache in Wirklichkeit nicht eingeführt wird: Die nicht eingeführte Tatsache darf, ebenso wie die nicht bewiesene, weder als wahr noch als unwahr, sondern nur als zweifelhaft angesehen werden; infolgedessen bleibt auch die Frage des Gegebenseins oder Nichtgegebenseins des durch diese Tatsache zu begründenden gesetzlichen Merkmals zweifelhaft; d. h.: der Tatbestand der Anwendbarkeit einer abstrakten Beweislastregel ist gegeben.

IV. 1. Auch für den heutigen Zivilprozeß beanspruchen sonach die Regeln der „Beweislast“ eine — gleichviel zunächst wie große — praktische Bedeutung. Versäumt eine Partei die Behauptung einer Tatsache, oder kann eine bestrittene Tatsache nicht bewiesen werden und bleibt infolgedessen ein gesetzliches Merkmal zweifelhaft, so hat der Richter eine „Beweislastfolge“ eintreten zu lassen, indem er ein der beweispflichtigen Partei rechtlich ungünstiges Endurteil fällt.[100])

2. Dieses Endurteil braucht nun keine schlichte Verurteilung oder schlichte Klagabweisung zu sein. Als Beweislastfolgen kommen auch gewisse bedingte Endurteile in Betracht: diejenigen bedingten Endurteile nämlich, in welchen die endgültige Entscheidung von der Leistung oder Nichtleistung eines „zugeschobenen“ Eides abhängig gemacht wird:

Die Eideszuschiebung ist nicht als ein Beweismittel im gewöhnlichen Sinne des Wortes anzusehen. Schon Bähr hat mit Nachdruck darauf hingewiesen, daß die Partei, welche in die Lage kommt, die Feststellung einer von ihr behaupteten Tatsache durch Eideszuschiebung betreiben zu müssen, ihren Prozeß eigentlich schon verloren hat. Es wird ihr nur noch die Möglichkeit gelassen, es in das Gewissen der Gegenpartei zu stellen, ob diese aus der ihr günstigen Prozeßlage rechtliche Vorteile ziehen will und kann.[107])

Durch die Vornahme einer nach § 445 ZPO. zulässigen Eideszuschiebung seitens der beweispflichtigen Partei wird also der Eintritt einer Beweislastfolge nicht verhütet. Es tritt jetzt nur eine andere Beweislastfolge ein, als ohne die Eideszuschiebung eintreten müßte. Der Richter, welcher sonst infolge der Nichtfeststellung der Tatsache ein schlichtes Endurteil zu Ungunsten der eidzuschiebenden Partei fällen müßte, muß statt dessen jetzt dem Gegner der zuschiebenden Partei durch bedingtes Endurteil den Eid über die Wahrheit oder Unwahrheit der Tatsache auferlegen.

3. Die schlichten Endurteile können gegebenenfalls, brauchen aber nicht notwendig Beweislastfolgen zu sein. Sie sind als Klagabweisungen dem Kläger, als Verurteilungen dem Beklagten rechtlich ungünstig.

Die bedingten Endurteile, in welchen die endgültige Entscheidung von der Leistung eines zugeschobenen Eides abhängig gemacht wird, sind notwendigerweise stets Beweislastfolgen. Sie sind rechtlich ungünstig dem Gegner der zum Eide zugelassenen Partei. — Die diesen bedingten nachfolgenden eigentlichen Endurteile dagegen sind niemals Beweislastfolgen. Sie ergehen nicht als Folge einer verbliebenen Ungewißheit, sondern auf Grund der durch die Eidesleistung oder Eidesverweigerung hergestellten formellen Gewißheit der Tatsache oder ihres Gegenteils.

4. Auch der gemäß § 461 II ZPO. durch Beschluß oder bedingtes Zwischenurteil anzuordnende Eid ist stets dem Gegner der beweispflichtigen Partei aufzuerlegen. [108]) Auch hier liegt — grade wie bei der Auferlegung des zugeschobenen Eides durch bedingtes Endurteil — in der Anordnung des Eides der Sache nach die Erklärung des Richters, daß ihm die Frage der Wahrheit oder Unwahrheit einer erheblichen Tatsache zweifelhaft geblieben sei. Nur die Form dieser Erklärung ist hier eine andere, — wie sie ja auch schon beim bedingten Endurteil eine andere war, als beim schlichten Endurteil.

5. Von denjenigen bedingten Endurteilen, welche einer Partei den „richterlichen Eid" auferlegen, wird erst weiter unten gesprochen werden.

§ 26.

Gründe warum den Beweislastregeln nur eine sehr geringe praktische Bedeutung zukommen sollte. Die gesetzliche Regelung der Beweislast de lege ferenda.

I. 1. Es wurde oben dargetan, daß den Beweislastregeln im Zivilprozeß eine praktische Bedeutung zukommt. Zuzugeben ist aber, wie hier näher ausgeführt werden soll, daß diese praktische Bedeutung aus mancherlei Gründen in einem zweckmäßig geleiteten Prozeßverfahren keine sehr große sein kann.

2. Schon die Ersetzung der ideologischen durch die realistische Auffassung hat eine starke Einschränkung der praktischen Bedeutung unserer Regeln zur Folge. Es wurde oben dargetan, daß der Richter die Entscheidung des Rechtsstreits dann nicht auf eine Beweislastregel gründen darf, wenn seine Ungewißheit über ein gesetzliches Merkmal nicht auf einer Ungewißheit über eine „Tatsache" beruht.

An dieser Stelle ist nun noch besonders darauf hinzuweisen, daß der Richter bisweilen selbst einer solchen „tatsächlichen" Ungewißheit gegenüber noch frei darüber befinden kann, ob er die eine oder die andere Beweislastregel zur Anwendung bringen will.

a) So insbesondere überall da, wo die Anwendbarkeit einer gesetzlichen Vermutung in Frage kommt. Diese Fälle haben nämlich die Besonderheit, daß bei ihnen die konkrete rechtliche Beurteilung nicht nur über die Frage entscheidet, ob das „vermutete" Tatbestandsmerkmal als gegeben oder nicht gegeben angenommen oder nicht angenommen werden soll. Vielmehr entscheidet hier überall die konkrete rechtliche Beurteilung des Richters auch noch die Frage, ob das Vermutungsmerkmal, die Vermutungsbasis gegeben oder nicht gegeben sei. Je nachdem, ob der Richter dieses Vermutungsmerkmal als gegeben annimmt oder nicht, kann er bei Ungewißbleiben des „vermuteten" Tatbestandsmerkmals entweder die Vermutungsnorm zur Anwendung bringen oder unter Anwendung der allgemeinen Beweislastregel die entgegengesetzte Entscheidung fällen.

So hat z. B. für den Fall des § 363 BGB.[109]) unser höchster Gerichtshof zu wiederholten Malen entschieden, daß es Sache des Richters sei darüber zu entscheiden, ob eine „Annahme als Erfüllung“ vorliege oder nicht vorliege. Je nachdem wie diese Vorentscheidung ausfällt, trifft die „Beweislast“ für die ordnungsmäßige Erfüllung bald den Gläubiger (§ 363), bald (nach der allgemeinen Regel, welche die „Beweislast“ hinsichtlich der Aufhebungsvoraussetzungen bestimmt) den Schuldner der angeblich als Erfüllung angenommenen Leistung.[110])[111])

b) Aber auch in denjenigen Fällen, wo die Anwendbarkeit einer gesetzlichen Vermutung nicht in Frage steht, vielmehr unsere „allgemeine Beweislastregel“ allein zur Anwendung kommt, — auch in diesen Fällen bleibt es immer erst noch Sache des Prozeßrichters, darüber zu entscheiden, ob die verbliebene Ungewißheit über eine Tatsache die Frage des Gegebenseins einer Entstehungsvoraussetzung oder die des Gegebenseins einer Aufhebungsvoraussetzung im Ungewissen läßt. Je nachdem ist bei verbleibender Ungewißheit über diese Tatsache entweder das Bestehen oder das Nichtbestehen des Klaganspruchs durch Urteil festzustellen. Man denke hier insbesondere an den Fall, daß ein Zweifel darüber aufkommt, ob die nach den Behauptungen des Klägers beim Vertragsschluß von beiden Seiten abgegebenen Erklärungen die Vereinbarung einer Suspensiv- oder einer Resolutivbedingung enthalten. Dieser praktisch sehr wichtige Fall wird ebenfalls erst im besonderen Teile dieser Abhandlung ausführlich erörtert werden.[111])

II. Es liegt jedoch nicht allein an der ideologischen Beweislastauffassung, wenn die Beweislastregeln in der heutigen Prozeßpraxis noch eine übergroße Bedeutung behaupten. In weit höherem Maße wird dieser Mißstand dadurch verschuldet, daß die Prozeßleitung es häufig versäumt, von den ihr durch das Gesetz zur Ermittlung des Sachverhalts dargebotenen Behelfen in wünschenswertem Umfange Gebrauch zu machen.

1. Man kann geradezu den Satz aussprechen, daß die Frage der Beweislast unter dem heutigen Rechtszustand an praktischer Bedeutung in demselben Maße verlieren muß, in welchem es auch der Zivilrichter lernt, von dem Rechte der freien Beweiswürdigung einerseits, dem richterlichen Fragerecht anderseits angemessenen Gebrauch zu machen.

Sobald nämlich eine Tatsache behauptet und demnächst infolge einer Beweisführung der einen oder anderen Partei, infolge einer Beweisaufnahme von Amtswegen, oder auch nur auf Grund eines Erfahrungssatzes (einer praesumptio hominis) für bewiesen oder für widerlegt, für wahr oder für unwahr angesehen werden kann, — so verliert alsbald die Frage, ob sie zur Beweislast der einen oder der anderen Partei stehe, jegliche praktische Bedeutung.

Je mehr Behauptungen also der Richter durch Ausübung seines Fragerechts herbeiführt, je mehr er in der Beweiswürdigung sich von jener schematischen Manier emanzipiert, welche am liebsten keine einzige Tatsache als wahr annehmen möchte, ehe sie nicht durch Zeugen oder Urkunden außer Zweifel gestellt ist, — desto seltener wird die Entscheidung des Rechtsstreits auf eine Beweislastregel gestützt zu werden brauchen. [112])

2. a) Eine weitere Einschränkung der praktischen Bedeutung der Beweislastfrage ergibt sich für die Fälle, in welchen eine Tatsache zwar weder für voll bewiesen noch für voll widerlegt angesehen werden kann, gleichwohl aber für ihre Wahrheit oder Unwahrheit nach Lage des konkreten Falles wenigstens eine gewisse Wahrscheinlichkeit spricht. Auch in diesen Fällen ist der Richter zur Anwendung einer Beweislastregel nicht mehr unbedingt verpflichtet. Er darf vielmehr diese konkrete Wahrscheinlichkeit zu einer formellen Gewißheit erheben und so den Eintritt der Beweislastfolge für diesen konkreten Fall verhindern. Die Befugnis hierzu — und eine jede solche Befugnis, die des § 475 nicht minder wie die der §§ 139 und 286, bedeutet für den Richter zugleich eine nach gegenständlichem Ermessen zu erfüllende Pflicht — wird ihm durch die ausdrückliche Vorschrift des § 475 ZPO. gegeben, welche ihm erlaubt, in solchen Fällen durch bedingtes Endurteil „der einen oder der anderen Partei" einen Eid über eine streitige Tatsache aufzuerlegen.

Eine Tatsache braucht also gar nicht voll bewiesen, sondern nur einigermaßen wahrscheinlich gemacht zu sein. Schon dann kann und muß bei geeigneter Sachlage an die Stelle der Beweislastfolge — des schlichten Endurteils oder des bedingten Endurteils gemäß § 460, I ZPO. — ein bedingtes Endurteil gemäß §§ 475, 477 I ZPO. treten. — Ein solches bedingtes Endurteil ist nun, im Gegensatz zu dem bedingten Endurteil gemäß § 460 I, keine Beweislastfolge. Denn der richterliche Eid kann auch der beweispflichtigen Partei auferlegt werden. [112a]) Das bedingte Endurteil kann somit der beweispflichtigen Partei ebensogut rechtlich vorteilhaft wie rechtlich nachteilig sein. — Das endgültige Endurteil hinwiederum ergeht auch hier nicht auf Grund einer verbliebenen Ungewißheit, sondern auf Grund der durch die Eidesleistung oder Eidesverweigerung hergestellten formellen Gewißheit der Tatsache oder ihres Gegenteils. Es ist daher ebensowenig Beweislastfolge, wie die oben erörterten Endurteile, welche die Folge der Leistung oder Verweigerung eines „zugeschobenen" Eides aussprechen.

b) Zu bemerken ist jedoch, daß die Beweislast bei der Auferlegung des richterlichen Eides nicht unter allen Umständen unberücksichtigt gelassen werden darf. Denn der Richter darf von der Befugnis des § 475 ZPO. — wie von jeder anderen Befugnis — nur einen gegenständlich richtigen Gebrauch machen. Er darf daher den Eid der beweispflichtigen Partei dann nicht auferlegen, wenn für die Wahrheit der Tatsache nichts erwiesen, vielmehr ihre Unwahrheit durch die Beweisführung der nicht beweispflichtigen Partei wahrscheinlich gemacht worden ist. [112b]) Denn die Rechtslage der nicht beweispflichtigen Gegenpartei darf nicht dadurch verschlechtert werden, daß ihr ein Beweis, den sie gar nicht zu führen brauchte, zur Hälfte gelungen ist. Da sie aber in diesen Fällen zur Leistung des „zugeschobenen" Eides zugelassen werden müßte, wenn die streitige Tatsache völlig ungewiß geblieben wäre, so darf ihr dieser Eid auch jetzt nachdem sie die streitige Tatsache zur Hälfte widerlegt hat, nicht vorenthalten werden.

3. Nur wenn eine erhebliche Tatsache weder festgestellt noch irgendwie wahrscheinlich gemacht worden ist, oder wenn eine erhebliche Tatsache zwar wahrscheinlich gemacht worden ist, der richterliche Eid aber der in Betracht kommenden Partei aus besonderen Gründen vorenthalten bleiben muß, — nur dann darf der Richter die Frage ihrer Wahrheit oder Unwahrheit nicht zu einer positiven oder negativen Entscheidung bringen und muß daher jetzt eine Beweislast-

regel zur Anwendung bringen. Die abstrakten Beweislastregeln des Gesetzes kommen somit regelmäßig erst nach voller Ausschöpfung der konkreten Wahrscheinlichkeiten des Einzelfalles zur subsidiären Anwendung.[113])

III. 1. Angesichts der starken Einbußen, welche die praktische Bedeutung der Beweislastregeln schon unter dem heutigen Rechtszustand bei gegenständlich richtiger Anwendung der Vorschriften unserer ZPO. erfährt, stehen der Beibehaltung dieser Regeln auch de lege ferenda keine ernstlichen Bedenken entgegen.

Es ist zwar richtig: Die Zulassung einer Prozeßentscheidung auf Grund von „Beweislastregeln" bedeutet einen Verzicht auf eine materiell-rechtlich richtige Entscheidung.[113a]) Ein Prozeß, der auf Grund einer Beweislastregel entschieden wurde, kann ebensogut materiell unrichtig wie materiell richtig entschieden sein; es ist nur ein Zufall, wenn er materiell richtig entschieden wurde.

Aber die Prozeßentscheidung auf Grund von Beweislastregeln tritt dafür auch erst im äußersten Notfalle ein, wenn alle Mittel, eine materiell-rechtlich begründbare Prozeßentscheidung zu finden, bereits erschöpft sind. Und in dieser Eigenschaft als ultimum refugium bedeutet die Beweislastregel ein notwendiges Übel, könnte nur durch Einführung größerer Übel beseitigt werden. — Es gibt nämlich überhaupt nur 2 Mittel, durch welche eine radikale Beseitigung aller Beweislastregeln erreicht werden könnte: Das erste dieser Mittel, die Einführung des non liquet bei der Prozeßentscheidung wird niemand befürworten wollen. Höhere Interessen der Rechtspflege erfordern es, daß, wo einmal ein staatliches Gericht sich mit einer privaten Streitsache befaßt, nun auch positiv oder negativ res iudicata geschaffen werde. — Das andere Mittel, der Ausschluß des non liquet bei der Tatsachenfeststellung würde ebenfalls üble Konsequenzen haben. Es würde dadurch der Richter genötigt werden, auch die kleinsten und unsichersten Wahrscheinlichkeiten des Einzelfalles zu berücksichtigen. Namentlich in denjenigen Fällen, in welchen sich die Auferlegung des richterlichen Eides aus besonderen Gründen verbietet, würde der Richter, der an keine Beweislastregeln mehr gebunden ist, schließlich eine ganz willkürliche Entscheidung abgeben müssen, die Wahrheit oder Unwahrheit einer Tatsache nur darum unterstellen müssen, um eben überhaupt zu einer Entscheidung zu gelangen.

2. So beruhen denn auch die meisten prinzipiellen Angriffe gegen die „abstrakte Beweislastregelung“ auf einer Verkennung des eigentlichen Wesens und Grundes dieser Regeln. Wenn man sie nicht gar für eine Art subsidiärer Beweisregeln hält, so sieht man doch wenigstens den Grund aller gesetzlichen Beweislastregeln in einer abstrakten Wahrscheinlichkeit, welche vom Gesetzgeber an die Stelle der konkreten Wahrscheinlichkeit des Einzelfalles gesetzt wird.

In Wahrheit beruhen jedoch, wie oben dargetan wurde, nur die einzelnen Ausnahmen von der Hauptregel der Beweislastverteilung auf solchen vom Gesetzgeber unterstellten abstrakten Wahrscheinlichkeiten. Aber sowohl das Problem der Beweislast überhaupt, als auch die allgemeine Hauptregel der Beweislastverteilung beruht auf ganz anderen Erwägungen. Es ist schließlich notwendig, daß eine wirklich unaufklärbare Ungewißheit über erhebliche Tatsachen der einen Partei zum Vorteil, der anderen Partei zum Nachteil gereiche. Und es ist gewiß wünschenswert, daß nicht die Willkür des Entscheidenden, sondern eine allgemeine, beide Parteien gleich behandelnde rechtliche Regel darüber bestimme, wann diese unvermeidliche Notwendigkeit der einen und wann sie der anderen Partei zum rechtlichen Nachteil gereichen solle.

Die Regelung der Beweislast bedeutet also nicht, daß die Prozeßparteien „die Unwahrheit sagen, wenn sie behaupten, aber die Wahrheit, wenn sie bestreiten“. [114]) Sie bedeutet vielmehr, daß es um höherer Interessen der staatlichen Rechtspflege willen bisweilen notwendig werden kann, die Frage, ob eine unbewiesene Tatsache wahr oder unwahr ist, dahingestellt sein zu lassen und gleichwohl eine Entscheidung zu fällen, welche materiell-rechtlich nur unter der Bedingung der Wahrheit oder Unwahrheit dieser Tatsache richtig sein würde.

3. Wünschenswert ist dagegen, daß die Gesetzgebung schon bei der Aufstellung der materiell-rechtlichen Vorschriften ihr Augenmerk darauf richte, dem allzu häufigen Eintritt des Tatbestandes einer „Beweislastregel“ entgegen-

zuwirken. Sie kann dieses Ziel dadurch erreichen, daß sie die materiellen Rechtsfolgen (die Entstehung und Aufhebung materieller Rechtsverhältnisse) nach Möglichkeit an solche Tatbestandsmerkmale knüpft, deren Gegebensein im Prozesse voraussichtlich leicht feststellbar sein wird.

Schon in unserm heutigen Recht gibt es einzelne Rechtsinstitute, denen diese Tendenz mit zugrunde liegt. So hat z. B. die Einführung der Anspruchsverjährung neben die, nach längerer Zeit zumeist schwer feststellbaren, gewöhnlichen Schuldaufhebungsvoraussetzungen die meistens leicht feststellbare Schuldaufhebungsvoraussetzung des „Zeitablaufs" gesetzt.[115])

Zweiter Teil:

Die Beweislast beim qualifizierten Geständnis im besonderen.

Erster Abschnitt.

Die Entwicklung einfacher und qualifizierter Geständnisse aus den einfachen Bestreitungen. Aufgaben der Prozessleitung.

§ 27.

Die Geständnistatbestände im Prozesse und die Entwickelung des einfachen Geständnisses aus der einfachen Bestreitung.

I. Treten wir, so ausgerüstet, an die Erörterung unserer Spezialfrage heran.

1. Wir gehen dabei von der Voraussetzung aus, daß gerade in dem gerichtlichen Geständnis das vornehmste Feststellungsmittel eines jeden zweckmäßig geleiteten Zivilprozesses zu sehen ist.[116]) Je mehr Tatsachen durch gerichtliches Geständnis formell festgestellt werden können, desto einfacher, billiger und schleuniger kann die Überwindung der sozialen Krankheitserscheinung des Prozesses erzielt werden.

Und es wäre doch sonderbar, wenn nicht die große Mehrzahl aller erheblichen Tatsachen auf diesem Wege sollte festgestellt werden können. Man kann nämlich gewiß voraussetzen, daß nur eine Minderheit von Prozeßführenden bewußt die Unwahrheit sagen will. Nach Ausscheidung derartiger Fälle aber bleiben als Hinderungsgründe des prozussualen Einverständnisses über die Tatfrage nur noch die Fehler der Wahrnehmung und die Fehler der Erinnerung übrig.

Es wird gezeigt werden, daß wieder nur die ideologische Auffassung von der Beweislast und vom Prozesse überhaupt daran schuld gewesen ist, wenn wir bisher von diesem besten aller prozessualen Feststellungsmittel nicht genügend Gebrauch gemacht haben.

2. Das einfache und das qualifizierte Geständnis sind zwei besonders geartete prozessuale Tatbestände.

a) Diese prozessualen Tatbestände entstehen entweder zufällig aus der Spontaneität der Parteien oder als gewolltes Ergebnis der Prozeßinstruktion (§ 139 ZPO.).

Zahlreicher und daher besonders wichtig dürften die Fälle der letzteren Art sein; diejenigen Fälle also, in welchen unter der Einwirkung des instruierenden Richters der ursprüngliche Tatbestand der einfachen Bestreitung in den Tatbestand des einfachen oder qualifizierten Geständnisses übergeht.

b) So oft nämlich die von der einen Partei aufgestellte Behauptung, in Sonderheit die Behauptung einer Urteilsvoraussetzung (bezw. eines Inbegriffs von Urteilsvoraussetzungen) von der Gegenpartei bestritten wird, da kann solcher Unstimmigkeit dreierlei zu Grunde liegen: Entweder die Parteien sind wirklich verschiedener Meinung über die geschehenen und bestehenden Wirklichkeiten selbst. Oder zweitens die Parteien sind sich über das ihren Behauptungen zu Grunde liegende konkrete Sein und Geschehen in Wahrheit völlig einig; ihr Streit bezieht sich in Wahrheit nur auf die Beurteilung dieser Wirklichkeiten: auf die Subsumierbarkeit des wirklichen Ereignisses oder Zustandes unter die gesetzlichen Merkmale, auf die Bedeutung der konkreten Erklärungstatsachen. — Oder drittens endlich: die Parteien sind sich über den ihren widerstreitenden Behauptungen zu Grunde liegenden Tatbestand im einzelnen teilweise einig, teilweise uneins.[117])

Nur in dem ersten dieser 3 Fälle besteht wirklich eine vollkommene Meinungsverschiedenheit über die Tatfrage; irgendwelche Ausbeute an formell feststellenden Geständnissen kann aus diesem Material nicht gewonnen werden.

Anders in den beiden letztgenannten Fällen. Frage: wie hat sich die Prozeßleitung solchen Tatbeständen gegenüber zu verhalten?

II. Sehr einfach gestaltet sich die Entwicklung des ersten der beiden letzteren Fälle, in welchem ja in Wahrheit die gesamte Tatfrage außer Streit ist.[118])

1. Schon Bähr hat gelegentlich mit aller Schärfe hervorgehoben:[119])

„Wenn die Parteien im Rechtsstreite mit widersprechenden Behauptungen auftreten, so wird der Richter zunächst genau zu prüfen haben, ob darin wirklich ein Streit über Tatsachen oder nur etwa über die Auffassung von Tatsachen enthalten ist. Zwischen der Tatsache und dem sie bezeichnenden Wort liegt meistens eine gewisse Kluft, welche das Wort nicht als absolut genaue Bezeichnung der Tatsache erscheinen läßt. (Z. B. Kläger hat eine zweideutige Antwort des Beklagten als Bejahung, Beklagter denselben tatsächlichen Ausdruck als Verneinung aufgefaßt.) In Fällen der gedachten Art hat nun der Richter die Aufgabe, den scheinbaren Widerspruch aufzulösen, dadurch, daß er womöglich über die zweideutige Bezeichnung der Tatsachen hinweg zu den wirklichen Tatsachen durchdringt.[120]) Für diesen Zweck ist das bei der mündlichen Verhandlung dem Richter zustehende Fragerecht von unschätzbarem Wert. Er würde also in dem oben gedachten Falle zu fragen haben: „Was ist auf die Frage des Klägers vom Verklagten eigentlich geantwortet worden?“ Gelingt es dem Richter, auf diesem Wege die wirklichen Tatsachen festzustellen, dann hat der Parteienstreit nicht mehr seine Lösung zu finden durch eine Beweisführung, sondern durch die richterliche Beurteilung — — —.“

Der nämlichen Abhandlung Bährs entlehnen wir noch folgendes lehrreiche Beispiel, welches der Berliner Gerichtszeitung vom 17. Juli 1886 entnommen ist:[121])

„Dem Kläger war der Schiedseid rechtskräftig dahin auferlegt: Ich schwöre, daß ich dem Beklagten die in der Klagerechnung angeführten Waren am 13. März 1885 übergeben habe.

Im Eidestermine brachte der Beklagte den Nachweis bei, daß er am 13. März gar nicht am Orte der Übergabe gewesen sei. Nun erklärte der Kläger, daß er an gedachtem Tage die Waren einem Schiffer für den Beklagten übergeben habe, diese Übergabe aber nach § 128 Th. 1 Tit. 11 ALR. als an den Beklagten vollzogen anzusehen sei. Um letztere Frage drehte sich also eigentlich der Prozeß. Und hätte man das durch gehörige Befragung früher erkannt, so würde es zu gar keiner Eidesauflage gekommen sein.“[122]) [123])

2. Was lernen wir aus diesen Ausführungen Bährs? Vor allem, daß der prozeßleitende Richter gegenüber jeder sehr abstrakt formulierten Partei-Behauptung, besonders aber gegenüber der Behauptung unmittelbarer Urteilsvoraussetzungen, allsogleich auf eine konkretere Bezeichnung der gemeinten Tatsachen zu dringen hat, sobald eine solche abstrakte Begriffsbehauptung von der Gegenpartei bestritten wird.[124])

„Der Vorsitzende“ — so sagt ausdrücklich der § 139 unserer ZPO. — „hat durch Fragen darauf hinzuwirken, daß — — — ungenügende Angaben der geltend gemachten Tatsachen ergänzt werden.“

§ 28.

Die Grenzen der Substanziierungslast im allgemeinen und die verteilte Substanziierungslast.

I. 1. Allerdings ist dabei im Gegensatz zu abweichenden Meinungen scharf zu betonen: wenn die Partei eine Konkretisierung ihrer abstrakten Angaben verweigert, wenn sie dabei stehen bleibt, zu erklären: der Beklagte habe seinerzeit auf ihre Offerte eine „bejahende“ Antwort gegeben, — wenn sie erklärt, die Worte, welche seinerzeit der Beklagte gesagt habe, seien ihr nicht mehr erinnerlich; aber sie benenne den und den als Zeugen dafür, daß der Beklagte damals eine bejahende Antwort gegeben habe; auch habe der Beklagte damals eine Stunde darauf ein — von ihr vorgelegtes — Telegramm an seine Mutter abgesandt, auf welchem die Worte stehen: „habe heute das Angebot von N. N. (Name des Klägers) angenommen"; — — — so kann eine solche unkonkretisiert unter Beweis gestellte Parteibehauptung vom Richter nicht als „unsubstanziiert" von vornherein abgewiesen werden. Der Richter wäre ja auch, wenn der Beklagte jene abstrakte Behauptung des Klägers eingeräumt hätte, an diese formelle Feststellung ohne weiteres gebunden gewesen.

2. Nur der Irrtum, als müßten „eigentlich" die konkreten wirklichen Tatsachen mit der empirischen Mannigfaltigkeit ihrer Bestimmungen selbst oder mindestens ihre vollständige Beschreibung in das Verfahren eingeführt werden, — nur dieser Irrtum kann es verschuldet haben, wenn (im allgemeinen ebensowohl wie in der Einzelanwendung) die Meinung vertreten worden ist: das bestrittene[125]) sehr abstrakte oder rechtsbegriffliche Vorbringen einer Partei müsse als „unsubstanziiert" vor allen Beweisaufnahmen zurückgewiesen werden, wenn die Partei eine Konkretisierung dieses ihres Vorbringens verweigert; — z. B. wenn sie „alle Einzelheiten der Verhandlungen, namentlich alle dabei gesprochenen Worte" oder den wörtlichen Inhalt der bei den Verhandlungen gewechselten und inzwischen verloren gegangenen Briefe und anderen Urkunden selbst nicht mehr weiß oder nicht mehr wissen will.[126])

3. In Wahrheit stellt auch das konkreteste und genaueste Vorbringen der Parteien geradeso wie das abstrakteste und unbestimmteste einen Inbegriff abstrakter Aussagen (Angaben, Sätze, Urteile) über Tatsachen und keine „wirkliche" Tatsache dar. Und die abstrakte Beschreibung würde mit einer vollständigen Aufzählung sämtlicher empirischen Eigenschaften eines wirklichen Ereignisses oder Zustandes überhaupt niemals zuende kommen. Die „Tatsachen" im Sinne der ZPO. sind eben nur Tatsachenurteile, keine wirklichen Tatsachen. Ihr Inhalt ist nicht die unendliche Mannigfal-

tigkeit des anschaulich Wirklichen. Ihr Inhalt wird gebildet durch einzelne, aus der empirischen Wirklichkeit abgezogene („abstrahierte") tatsächliche Momente. Je mehr solcher tatsächlichen Momente oder „Tatsächlichkeiten" in einer Aussage enthalten sind, desto „konkreter" ist die Aussage; je weniger, desto „abstrakter" ist sie. Aber dieser ganze Gegensatz der „konkreteren und abstrakteren" Aussagen ist nur ein untergeordneter Gegensatz innerhalb des Bereiches der an sich schon „abstrakten" Aussagen.

4. Es werden also durch die Behauptungen der Parteien keine wirklichen Tatsachen, sondern nur eine kleinere oder größere Zahl von abstrakten Tatsächlichkeiten in das Verfahren eingeführt. Und es ist gar kein Grund ersichtlich, warum eine Partei mehr solche Tatsächlichkeiten in das Verfahren sollte einführen müssen, als zur Begründung der zu ihrer abstrakten Feststellungslast stehenden Urteilsvoraussetzungen nötig sind.

Eine konkretere, genauere Bezeichnung der gemeinten Tatsachen seitens der Partei ist daher zwar vielleicht im Interesse einer schnelleren und einfacheren Prozeßgestaltung höchst erwünscht; und der Richter versäumt seine Pflicht, wenn er nicht eine möglichst genaue Beschreibung der gemeinten Tatsachen erforderlichenfalls aus den Parteien herausfragt.[127]) Aber kein Parteivorbringen, welches für den Fall seiner Wahrheit eine Urteilsvoraussetzung überhaupt noch begründet, oder welches das Gegebensein dieser Urteilsvoraussetzung sogar selbst besagt, kann aus dem Grunde „als unsubstanziiert" abgewiesen werden, weil noch eine konkretere, detailliertere Tatsachenbeschreibung möglich und im Interesse der einfachsten Tatsachenfeststellung vielleicht erwünscht ist. Die Partei hat ihrer Substanziierungspflicht genügt, wenn sie nur alle diejenigen Tatsächlichkeiten in das Verfahren eingeführt hat, welche zur Begründung der zu ihrer abstrakten Feststellungslast stehenden Urteilsvoraussetzungen notwendig sind.

II. Aus dieser theoretischen Erkenntnis ergibt sich eine wichtige und interessante Nutzanwendung:

1. Es erscheint ein Inbegriff wirklichen Seins oder Geschehens für die Auffassung des Lebens als eine Tatsache, ein Ereignis oder Zustand. Z. B. derjenige Inbegriff wirk-

lichen Seins, den man — je nachdem mit dem abstrakteren oder konkreteren Ausdruck — als ein „Tier“, ein „Pferd“, oder eine „zweijährige schwarze Stute“ bezeichnen kann. — Es möge nun in ein und demselben konkreten Prozesse sowohl der Kläger wie der Beklagte in die Lage kommen, sich auf diesem selben Inbegriff wirklichen Seins berufen zu müssen. Jeder zur Begründung einer zu seinen Lasten stehenden Urteilsvoraussetzung.

Da kann es nun nach der hier vertretenen Meinung vorkommen, daß in diesem Prozeß zur Begründung der zu Klägers Lasten stehenden Urteilsvoraussetzungen schon eine abstraktere Bezeichnung der wirklichen Tatsache, also eine Angabe von weniger tatsächlichen Einzelheiten ausreicht, — daß aber zugleich vom Beklagten, zur Begründung der zu seinen Lasten stehenden Urteilsvoraussetzung, eine konkretere Bezeichnung derselben wirklichen Tatsache, also eine Angabe von mehr tatsächlichen Momenten gefordert werden muß.

2. Ein Beispiel aus der neueren Judikatur des RG. möge zur Illustration dieses Verhältnisses dienen:[128])

a) In einem Schadensersatzprozeß bedarf es zu Gunsten des Klägers der Feststellung, daß eine von der Beklagten (Straßenbahnfirma) zu einer Verrichtung bestellte Person in Ausführung der Verrichtung dem Kläger einen Schaden zugefügt hat. Diese Voraussetzung der Rechtsfolge des § 831 BGB. steht zur abstrakten Feststellungslast des Klägers. — Anderseits bedarf es zu Gunsten der Beklagten der Feststellung, daß die Beklagte bei der Auswahl der bestellten Person die erforderliche Sorgfalt beobachtet habe; denn diese Voraussetzung gehört — gemäß der vom RG. hier zugrunde gelegten Verteilung der abstrakten Feststellungslast — zur zureichenden Begründung der Befreiung der Beklagten von ihrer Schadensersatzverbindlichkeit.

Sollen hier die Ansprüche des Klägers materiellrechtlich begründet sein, so muß natürlich in der konkreten Wirklichkeit ein bestimmter Mensch es gewesen sein, der als Angestellter der Beklagten den Unfall herbeigeführt hat. Und soll die Haftungsbefreiung der Beklagten begründet sein, so muß natürlich in der realen

Wirklichkeit ebenderselbe bestimmte Mensch es gewesen sein, den die Beklagte mit der erforderlichen Sorgfalt ausgewählt hat.

Im Prozesse nun handelt es sich nicht mehr unmittelbar um diesen wirklichen Menschen selbst, sondern um die abstrakten Angaben der Parteien über diesen Menschen. Frage: wie konkret ist dieser Mensch von jeder der beiden Parteien zu bezeichnen?

b) Da scheint nun dem RG. zur tatsächlichen Begründung der Anträge des Klägers konkret genug diejenige Angabe, nach welcher der in Frage kommende Unfall von „einem Schaffner" der Beklagten herbeigeführt sei. Völlig unerheblich ist es denn auch für die festzustellende Urteilsvoraussetzung der „zu einer Verrichtung bestellten Person", welcher näher bestimmte Schaffner den Unfall verursacht hat. Eine „von der Beklagten zu einer Verrichtung bestellte Person" ist es schon, wenn es nur überhaupt „ein Schaffner" der Beklagten ist. — Diese allgemeine Behauptung läßt sich auch, z. B. durch Zeugen beweisen.

Dagegen mit Bezug auf die zu Gunsten der Beklagten festzustellende Urteilsvoraussetzung heißt es in der Entscheidung des RG. wörtlich:

> „Die Beklagte hat behauptet und Beweis dafür angeboten, daß um die vom Kläger angegebene Zeit auf Wagen der von ihr betriebenen Straßenbahn „29 von ihr namhaft gemachte Schaffner und Führer" die Unfallstelle passiert haben. Sie hat auch bezüglich dieser 29 Angestellten den Entlastungsbeweis angetreten. — Das Berufungsgericht hat den von der Beklagten angetretenen Entlastungsbeweis nicht erhoben, weil ihr unter Beweis gestelltes Vorbringen ungenügend sei. Dies wird von der Revision mit Recht beanstandet."

c) Die Beklagte hat danach behauptet und unter Beweis gestellt, daß sie „alle in Frage kommenden Schaffner" mit der nötigen Sorgfalt ausgewählt hat. Ist dies aber der Fall, so steht fest, daß sie aus dem von einem dieser Schaffner herbeigeführten Unfall keinen Schadenersatz schuldet. Einer noch näheren Konkretisierung der Behauptung bedarf es somit auch hier nicht, weil alles konkretere

Detail eben für die Entscheidung des Prozesses nicht mehr „erheblich“ scheint.

Immerhin bedurfte es für die Entlastung der Beklagten doch schon einer bedeutend konkreteren Bezeichnung des in Frage stehenden wirklichen Menschen, — als vorher zur Begründung der Ansprüche des Klägers.[129])

3. Die vorstehenden Ausführungen sind geeignet, uns überaus wichtige Aufschlüsse über eine schwierige und lebhaft umstrittene Frage zu geben. Ich meine die Frage nach der (konkreten) Beweislast für die Verjährung.

a) Zur abstrakten Feststellungslast des Beklagten steht u. a. die Voraussetzung, daß „seit der letzten anspruchbegründenden Tatsache ein Zeitraum von x Jahren verstrichen sei“. Diese Urteilsvoraussetzung selbst braucht von ihm weder ausdrücklich noch stillschweigend als erhebliche „Tatsache“ behauptet zu werden.[130]) Jedoch muß der Beklagte hier ausnahmsweise, weil es sich um eine echte — „rechtsverfolgende“[131]) — Einrede handelt, die Erklärung abgeben, daß er Verjährung geltend mache.[132])

Nun kann die Voraussetzung, daß „seit der letzten anspruchbegründenden Tatsache — bis zur Klagezustellung (§ 209 I BGB.)! — ein Zeitraum von x Jahren verstrichen sei“, gar nicht anders begründet werden, als durch die Bezeichnung des Zeitpunktes der letzten anspruchbegründenden Tatsache.[133]) Anderseits müssen sämtliche anspruchbegründenden Tatsachen — und natürlich als zu irgend einer Zeit geschehene Tatsachen — schon durch den Kläger in das Verfahren eingeführt werden. Aus diesem Verhältnis ergibt sich eine schwierige Frage, welche durch Brodmann folgendermaßen formuliert und — unseres Ermessens unrichtig — beantwortet wird:[134])

> (Der Inhaber eines Schuhgeschäftes klagt im Jahre 1904 und behauptet, er habe dem Beklagten am 2. Januar 1902 ein paar Stiefel für Mk. 18.— verkauft.) „Der Beklagte erwidert, es sei am 31. Dezember 1901 gewesen und bringt die Einrede der Verjährung vor. Beweislast? — Zweifellos wird der Kläger wie überhaupt die klagbegründenden Tatsachen, so auch hier seine Behauputng, daß der Kauf am 2. Januar 1902 stattgefunden hat, beweisen müssen. So lange der Beklagte

leugnen kann, daß er im Jahre 1902 Stiefel gekauft hat, so lange kann dem Antrag auf Verurteilung nicht stattgegeben werden, weil jedem Anspruch aus 1901 die Verjährung entgegenstehen würde."

b) Unseres Ermessens muß in diesem Fall umgekehrt der Beklagte behaupten und beweisen, daß er die Stiefel schon „vor dem 1. Januar 1902" gekauft habe. In der oben zitierten Beweisführung Brodmanns liegt nämlich die petitio principii verborgen, daß der Kläger, um die — allein zu seiner abstrakten Feststellungslast stehende — Entstehung seines Anspruchs zu begründen, behaupten müßte, er hätte „im Jahre 1902" Stiefel verkauft. Dieser Satz aber ist es, den Brodmann zuerst hätte beweisen müssen. Nach der hier vertretenen Meinung nämlich braucht der Kläger zur Begründung der Entstehung seines Anspruches nur zu behaupten, daß die Tatsachen, welche das „Kaufgeschäft" bilden, überhaupt einmal — im Jahre 1901 oder im Jahre 1902 — geschehen sind.[135])

Alle näheren Angaben über die Zeit der letzten anspruchbegründenden Tatsache betreffen lediglich die Frage der Begründetheit oder Unbegründetheit einer Voraussetzung der nachträglichen Aufhebung des Anspruchs. Die Voraussetzungen des nachträglichen Erlöschens des Klageanspruchs aber stehen nach allgemein anerkannter — und auch von Brodmann anerkannter — Regel zur abstrakten Feststellungslast des Beklagten.

c) Es ist gar kein Grund ersichtlich, warum in diesem Falle der Kläger mehr Tatsächlichkeiten in das Verfahren sollte einführen und darin zur Feststellung bringen müssen, als zur Begründung der zu seiner abstrakten Feststellungslast stehenden Urteilsvoraussetzungen notwendig sind. Nur der Irrtum, daß die konkreten wirklichen Tatsachen selbst oder mindestens ihre vollständige Beschreibung in den Prozeß eingeführt werden müßte, konnte zu einer solchen Annahme führen. Freilich, wer auf dem Standpunkt steht, es müßte eine auf den (vom Beklagten bestrittenen) Abschluß eines Kaufvertrages gegründete Klage ohne Beweiserhebung abgewiesen werden, wenn der Kläger erklärt, sich der einzelnen beim Vertragsschluß gewechselten Worte nicht erinnern zu können,[136]) — der muß auch eine Klage abweisen, in deren Begründung vorgetragen wird, die in Frage kommenden Stiefel seien dem Beklagten „Ende 1901 oder Anfang 1902“ verkauft worden. Die einfache Konsequenz dieser Meinung wäre aber die, daß auch die Angabe des Tages noch nicht genügte, auch nicht die Angabe der Stunde, Minute oder Sekunde. Denn der Zeitpunkt, in welchem der Kaufvertrag in der Wirklichkeit perfekt geworden ist, läßt sich überhaupt nicht mit absoluter Genauigkeit angeben. Wenn aber dieses zugegeben wird, warum soll denn dann der Kläger diesen Zeitpunkt genauer angeben, als dies zur Begründung der zu seinen Lasten festzustellenden Urteilsvoraussetzungen erforderlich ist?

4. a) Es genügt somit zur „Substanziierung“ und als Grundlage etwa anzuordnender Beweisaufnahmen einerseits schon eine sehr abstrakte Bezeichnung der gemeinten Tatsachen, anderseits auch die einfache Angabe, daß die fragliche Urteilsvoraussetzung auf die in Rede stehenden Verhältnisse anwendbar geworden sei; z. B. daß die Offerte des Klägers dem Beklagten seinerzeit „zugegangen“ sei.

Solche Angaben genügen. Aber sie genügen nur als Notbehelf. Nur wenn die Partei nähere Angaben nicht machen kann oder nicht machen will, muß sich der Richter wohl oder übel auch mit solchen unbestimmten Angaben zufriedengeben.

b) Dagegen würde ein Richter, der auch gegenüber einer zur näheren Auskunft in ihrem eigenen Interesse[137]) gern erbötigen Partei sich auf die Kenntnisnahme dieser unmittelbar erheblichen Tatsächlichkeiten beschränkte, seine Pflicht nicht gehörig erfüllen. Er würde sich ja aller Voraussicht nach dadurch einer großen Kraft- und Zeitverschwendung schuldig machen. Das Prozeßverfahren soll aber, als ein bloßes Mittel zum Zwecke der Rechtsfeststellung und -Verwirklichung, in seinem ganzen Verlauf von dem Prinzip der „Ökonomie der Kräfte“ beherrscht werden. Daher muß imbesonderen auch die Feststellung der eingeführten Tatsachen stets auf dem einfachsten und billigsten Wege zuerst angestrebt werden; erst wenn die einfacheren Mittel versagen, soll die Prozeßleitung zu den schwierigeren (Beweisaufnahmen, Eidesauflagen usw.) greifen. Und für diesen Zweck der Tatsachenfeststellung bedarf es eben recht häufig einer weiteren über das Maß der notwendigen „Substanziierung“ noch hinausgehenden Konkretisierung der zunächst eingeführten abstrakten Behauptungen. Diese Konkretisierung herbeizuführen liegt dem Prozeßrichter ob. Gerade wie der Richter von seinem Fragerecht Gebrauch machen muß, ehe er ein Parteivorbringen als „unsubstanziiert“ zurückweist, so muß er auch „durch Fragen darauf hinwirken“, daß die für die Zwecke der Tatsachenfeststellung ungenügenden Angaben der geltend gemachten Tatsachen ergänzt werden (§ 139 ZPO.). Der scheinbar die Tatfrage betreffende Streit betrifft ja vielleicht in Wahrheit nur die Rechtsfrage, den juristischen Namen und nicht die Sache selbst. [138])

§ 29.

Die Entwicklung des qualifizierten Geständnisses aus der einfachen Bestreitung.

I. 1. Nun wird aber natürlich nur eine Minderheit von Fällen so einfach verlaufen, wie wir bisher vorausgesetzt haben: Nur in einer geringeren Zahl von Fällen wird die Bestreitung der Behauptung des Gegners lediglich auf einer verschiedenen Beurteilung der gemeinten Wirklichkeiten beruhen. In der Mehrzahl der Fälle wird auch der Sache nach die Übereinstimmung der Parteien nur eine teilweise sein. Nur bisweilen werden also die näheren Angaben, durch welche die behauptende oder die bestreitende Partei unter dem Drängen des Richters eine konkretere Beschreibung des zugrunde liegenden Sachverhältnisses gibt, — nur bisweilen werden diese näheren Angaben den ursprünglichen Tatbestand der Totalbestreitung in den Tatbestand des Totalgeständnisses umschlagen lassen. Weit häufiger wird sich herausstellen, daß die konkretisierte Sachdarstellung der Parteien in einigen Punkten zwar trotz der vorherigen Totalbestreitung übereinstimmt, in andern Punkten aber nach wie vor auseinandergeht (Tatbestand des „qualifizierten“ Geständnisses).

2. Die Frage ist: dürfen nach geltendem deutschen Recht bei solchem Tatbestand wenigstens die einigen Tatsächlichkeiten, über welche die Parteien übereinstimmen, als „zu-

gestanden" und formell festgestellt angesehen werden? Daran schließt sich sodann die weitere Frage: welche Partei hat bezüglich der andern Tatsächlichkeiten, die auch nach der richterlichen Befragung noch unter den Parteien streitig bleiben, die konkrete Feststellungslast zu tragen? (Streitfragen des qualifizierten Geständnisses).

3. Es wurde bereits oben betont, daß natürlich der Tatbestand des qualifizierten Geständnisses sich nicht notwendig erst als gewolltes Ergebnis der Prozeßinstruktion zu ergeben braucht, sondern auch schon zufällig aus der Spontaneität der Parteien hervorgehen kann.

II. Bevor auf die unter I 2. dieses Paragraphen berührten Hauptfragen näher eingegangen wird, soll vorerst noch ein anderer Punkt berührt werden: Weder die Bestreitung eines „gesetzlichen Merkmals" überhaupt, noch die Bestreitung einer „rechtsbegrifflichen" Behauptung imbesonderen stellt sich wesentlich als die Bestreitung einer „zusammengesetzten" Behauptung dar.[139])

1. Gewiß besteht zwischen der Bestreitung eines gesetzlichen Merkmals und der Bestreitung einer zusammengesetzten Behauptung die äußere Ähnlichkeit, daß man aus beiden noch nicht entnehmen kann, ob durch die Bestreitung die gesamte Behauptung in Abrede gestellt werden soll oder nicht. Denken wir z. B. an die „zusammengesetzte" Behauptung eines Klägers, wonach der Gegenstand eines Kaufes „ein brauner Hengst" gewesen sei. Wenn der Beklagte diese zusammengesetzte Behauptung bestreitet, so kann er meinen:

„Es war ein Hengst, aber ein Rappe;
es war ein braunes Pferd, aber eine Stute;
es war ein braunes Tier, aber ein Maulesel;
es war weder ein Pferd, noch von brauner Farbe, noch männlichen Geschlechts.[139a])

2. Aber die Ersetzung einer abstrakteren durch eine konkretere Bezeichnung, insbesondere die Ersetzung eines juristischen Begriffs durch einen konkreteren unjuristischen Begriff ist etwas völlig anderes, als die Zerlegung einer zusammengesetzten in mehrere einfache Behauptungen. Wenn also vorhin immer davon gesprochen wurde, daß der Bestreitung einer sehr abstrakten oder einer rechtsbegriff-

lichen Behauptung auch eine bloße verschiedene Beurteilung eines und desselben tatsächlichen Ereignisses oder Zustandes zugrunde liegen könne, so waren dabei „Tatsache“ und „Beurteilung dieser Tatsache“ nicht als Bestandteile einer „zusammengesetzten“ Behauptung gedacht. Jede tatsächliche Behauptung müßte ja sonst eine „zusammengesetzte“ sein, da jede tatsächliche Mitteilung, die Subsumtion eines Wirklichen unter einen abstrakten Begriff, also die „Beurteilung“ eines konkret Wirklichen notwendig in sich schließt.

3. Vielmehr ist der Grund dafür, daß einer tatsächlichen Bestreitung häufig bloß eine verschiedene Beurteilung einer und derselben Sache zugrunde liegt, in folgendem einfachen Verhältnis zu suchen: Die tatsächlichen Vorgänge, aus welchen die Parteien ihre Rechte ableiten, werden von ihnen meistens höchst undeutlich, oft auch in bewußter Färbung durch Worte beschrieben, d. h. unter die durch diese Worte ausgedrückten Begriffe subsumiert. Dabei sind dann Irrtumsquelle und Täuschungsmöglichkeit desto größer, je abstrakter die zur Bezeichnung der gemeinten Tatsache verwendeten Begriffe sind; desto kleiner, je konkreter die gewählten Ausdrücke sind. Irrtumsquelle und Täuschungsmöglichkeit sind aber besonders groß, wenn dem Richter sogar die spezifisch juristische Subsumtion der Partei unbewußt suggeriert oder bewußt untergeschoben wird.[140])

4. Die durch die richterliche Instruktion zu befördernde Ersetzung der sehr abstrakten und rechtsbegrifflichen Behauptungen durch konkretere unjuristische Behauptungen dient also lediglich dem Zweck, zugunsten einer einfachen Prozeßgestaltung die Fehler einer weitgehenden Abstraktion und besonders die Fehler einer spezifisch juristischen Subsumtion nach Möglichkeit auszuschalten. Mit dem „logischen Wesen der Verneinung einer zusammengesetzten Behauptung“[141]) hat dieses Verhältnis wenig zu tun.

Zweiter Abschnitt:

Der Gegenstand und die Verteilung der Beweislast beim qualifizierten Geständnis.

§ 30.

Vorbemerkung: Der status causae et controversiae.

I. 1. Man setze folgenden Tatbestand:

Der Kläger behauptet eine Anzahl von „Tatsachen“, welche — für die rechtliche Beurteilung (Auslegung) des Richters — das Gegebensein der zur abstrakten Feststellungslast des Klägers stehenden Urteilsvoraussetzungen objektiv begründen. Der Beklagte gibt demgegenüber eine Sachdarstellung, welche mit der Sachdarstellung des Klägers teilweise übereinstimmt, von ihr aber zum andern Teile abweicht, und welche im Ganzen betrachtet die zugunsten des Klägers festzustellenden Urteilsvoraussetzungen nicht begründet (Tatbestand des qualif. Gest.).

2. Offensichtlich hängt die theoretische Beurteilung eines solchen Tatbestandes zunächst davon ab, welcher Theorie der Beurteilende bezüglich der Verteilung der abstrakten Feststellungslast anhängt.

a) Auf der einen Seite steht hier die jetzt von Leonhard bis in ihre letzten Konsequenzen durchgeführte „Leugnungstheorie“, welche sämtliche Voraussetzungen der Entstehung des Klaganspruchs zur abstrakten Feststellungslast des Klägers stellt.

Dieser Leugnungstheorie gegenüber stehen die verschiedenen Spielarten der „Einredetheorien“. Diese wollen nicht nur die Voraussetzungen der nachträglichen Aufhebung des Klaganspruchs, sondern überdies auch noch das Gegenteil eines bestimmten Teils der Entstehungsvoraussetzungen zur abstrakten Feststellungslast des Beklagten stellen. [20])

b) Den folgenden Ausführungen wird mit Bezug auf die Verteilung der abstrakten Feststellungslast die Lehrmeinung der Leugnungstheorie zugrunde gelegt werden, — aus Gründen, deren nähere Erörterung bereits weiter oben gegeben wurde.

3. Zweitens hängt die theoretische Beurteilung des beschriebenen prozessualen Tatbestandes naturgemäß in hohem

Maße auch davon ab, welche Auffassung über die prozessuale Bedeutung der Beweislastverteilungsregeln der Beurteiler mitbringt.

a) Auf der einen Seite stehen hier vereint sowohl die Anhänger der Leugnungstheorie als auch die Anhänger der Einredetheorie (ideologische Auffassung).

Ihnen gegenüber steht, in diametralem Gegensatz zu beiden,[142]) die von Brodmann vertretene Lehrmeinung (realistische Auffassung).

b) In dieser Beziehung scheint mir allein die Theorie Brodmanns von einer richtigen Grundauffassung auszugehen.

II. 1. Wollen wir hier den zweiten Gegensatz, auf welchen es uns vor allem ankommt, recht deutlich machen, so müssen wir ein Beispiel wählen, welches von den Anhängern der Leugnungstheorie und der Einrede-Theorie ideologischer Lesart gleich, und von beiden anders als von Brodmann beurteilt wird. Wir wählen also ein Beispiel, bei welchem die in Frage kommenden Urteilsvoraussetzungen in gleicher Weise von der Einredetheorie und von der Leugnungstheorie zur „Beweislast" des Klägers gestellt werden, bei welchem sonach über die Verteilung der abstrakten Feststellungslast kein Streit besteht.

2. Ein Kläger trägt vor: „Auf meine Anfrage, ob der Beklagte meine Uhr für Mk. 100.— kaufen wolle, hat dieser mit ja geantwortet; ich bitte ihn zur Zahlung von Mk. 100.— zu verurteilen." — Der Beklagte setzt hierauf den Tatbestand des „qual. Gest." durch folgende Einlassung: „Auf die Anfrage des Klägers, ob ich ihm seine Uhr für Mk. 100.— abkaufen wolle, habe ich entgegnet: „Ja, — das fällt mir gar nicht ein."[143]) [Oder: „Ja, — das muß ich mir noch sehr überlegen."[144])]

3. Die Leugnungstheorie ebensowohl wie die verschiedenen Spielarten der Einredetheorien entscheiden sich bei diesem Tatbestand „für die Belastung des Klägers mit dem Beweise der Annahme des Angebots" und nicht „für die Belastung des Beklagten mit dem Beweise der Ablehnung des Angebots".[145]) Brodmann seinerseits erkennt für diesen Tatbestand weder eine Beweislast für die „Annahme" noch eine Beweislast für die Ablehnung an; er stellt vielmehr die

„Tatsache", daß der Beklagte seinem „Ja" den behaupteten Zusatz angefügt habe, zur Beweislast des Beklagten.

4. Wir sehen in der Auffassung Brodmanns einen wesentlichen Fortschritt gegenüber der ideologischen Auffassung der früheren Theorie, glauben aber, die sachliche Unrichtigkeit der Brodmannschen Schlußfolgerungen nachweisen zu können.[146])

Erstes Kapitel:

Der Gegenstand der Beweislast beim qualifizierten Geständnis.

§ 31.

Die ideologische Auffassung.

I. Aus dem allgemeinen Teil dieser Abhandlung ergibt sich bereits, daß die von der Leugnungs- und Einredetheorie im Gegensatz zu Brodmann vertretene Auffassung über den Gegenstand der Beweislast beim qualifizierten Geständnis unrichtig ist.

Wieder ist es hier die Identifikation der „Urteilsvoraussetzungen" und „erheblichen Tatsachen", welche der ideologischen Lehre eine richtige Beurteilung des qualifizierten Geständnistatbestandes verwehrt. Wer — mit der ideologischen Auffassung — die Urteilsvoraussetzungen selbst als die einzigen erheblichen Tatsachen ansieht, der kann in dem soeben beschriebenen Tatbestande begreiflicherweise weiter nichts sehen, als das einfache Bestreiten der erheblichen Tatsache der „Annahme" des Angebots. Eigentlich müßte ja nach dieser Auffassung die streitige Urteilsvoraussetzung — die „Annahme" — von der interessierten Partei sogar noch behauptet werden. Und von solcher einführenden Behauptung kann nur darum tatsächlich abgesehen werden, weil sie eben als eine „stillschweigend" erfolgte rechtlich fingiert wird.

II. Auf dieser ideologischen Basis erhebt sich dann erst der ganze Gegensatz zwischen der Leugnungstheorie und Einredetheorie in der Lehre vom qualifizierten Geständnis. Wollen wir auch diesen Gegensatz zur deutlichen Anschauung bringen, so müssen wir uns jetzt ein Beispiel bilden, in welchem vom Beklagten u. a. auch das Gegebensein eines Umstandes bestritten wird, welchen die Leugnungstheorie zur „Beweislast“ des Klägers stellt, während die Einredetheorie sein Gegenteil als „rechtshindernde Tatsache“ [20]) zur Beweislast des Beklagten stellt.

Es behaupte z. B. der Kläger eine Reihe von Tatsachen, aus welchen sich ergeben würde, daß der Beklagte von ihm ein Pferd „gekauft“ und zwar „unbedingt“ gekauft habe. Stellt der Beklagte dieser Sachdarstellung eine teilweise abweichende Sachdarstellung gegenüber, aus welcher sich ergeben würde, daß er seinerzeit das Pferd „unter einer Suspensivbedingung“ gekauft hat, — so erhebt sich sofort der Streit zwischen der Leugnungstheorie und Einredetheorie ideologischer Lesart.

Von den beiden Urteilsvoraussetzungen („Kaufabschluß“ und „Unbedingtheit desselben“) soll ja nach der Einredetheorie nur die erstere zur Beweislast des Klägers stehen, während das Gegenteil der letzteren als „rechtshindernde Tatsache“ zur Beweislast des Beklagten stehen soll. Die Einredetheorie sieht daher in dem besagten Tatbestande ein Geständnis des „Kaufabschlusses“, verbunden mit der zusätzlichen Behauptung einer anderen „selbständigen Tatsache“. — Die Leugnungstheorie dagegen, welche jene Urteilsvoraussetzungen beide vereint zur Beweislast des Klägers stellt, sieht in dem nämlichen Tatbestand ein „motiviertes Leugnen“ (Bestreiten) des vom beweispflichtigen Kläger (stillschweigend!) behaupteten „unbedingten“ Kaufabschlusses.

III. Gerade in diesen Kontroversen der beiden ideologischen Theorien zeigt sich recht deutlich, daß nach beiden gerade die Urteilsvoraussetzungen und nur diese die eigentlich erheblichen „Tatsachen“ darstellen. [147])

Von diesem ideologischen Standpunkt aus kann dann natürlich in unserem erstangeführten Beispiel des Uhrkaufs das Geständnis des „Ja-Sagens“ fürsich allein noch kein Geständnis einer selbständigen Tatsache darstellen. Die Frage, ob die eigentlich in Betracht kommende Tatsache, die „Annahme“ des Angebots, wahr oder nicht wahr ist, bleibt ja nach wie vor ungewiß, da noch dahinsteht, ob der Beklagte seinerzeit seinem Ja den von ihm behaupteten Zusatz hinzugefügt oder nicht hinzugefügt hat. Es ist somit nur konsequent, wenn die beiden ideologischen Theorien in unserem Paradigmafalle dem Kläger die „Beweislast" für die „Annahme" seines Angebots aufbürden wollen.

§ 32.

Der innere Widerspruch in der Leugnungstheorie Stölzel'scher Lesart, und die Konsequenzen der realistischen Auffassung. [148])

I. 1. Eine eigentümliche Erscheinung ist es dagegen, daß auch solche Autoren, welche über die ideologische Auffassung des gesetzlichen Tatsachenbegriffs längst hinausgewachsen sind, gerade bezüglich des qualifizierten Geständnisses an der ideologischen Lehre bisher festgehalten haben. Wenn Stölzel von dem Beweise für die „Annahme" des klägerischen Angebots spricht, [145]) so stellt er sich damit in offenbaren Widerspruch zu seinen eigenen Darlegungen. Denn wenn einmal der Kläger „sich veranlaßt gesehen hat, mit den Tatsachen hervorzutreten, aus denen er schließt", daß eine Annahme seiner Offerte vorgelegen habe, so kommt doch auch nach Stölzels Ansicht „diesen Tatsachen gegenüber die generelle unsubstanziierte Behauptung" der Annahme „nicht mehr in Betracht". [149]) Eine Beweisaufnahme über die „Annahme" bezöge sich bei einem derartigen Sach- und Streitstand auf eine rechtliche Deduktion, und nicht mehr auf eine Tatsache.

2. Wenn also mit Bezug auf die Spezialfrage des qual. Gest. die ideologische Lehre auch noch von solchen Autoren vertreten wird, die zu ihrer Widerlegung im allgemeinen selbst das beste Material herbeigetragen haben, so kann dieser Erscheinung jedenfalls eine Verkennung des realen Verlaufs wirklicher Prozesse nicht mehr zugrunde liegen. Diese Autoren wissen ganz genau, wie die „tatsächlichen Behauptungen" der Parteien in Wirklichkeit aussehen; sie stellen auch z. B. die verschiedenen Arten von Beweiserhebungen ganz richtig auf ein möglichst konkret formuliertes Beweisthema ab. Wie ist es möglich, daß sie eine tatsächliche Behauptung, über die unter den Parteien kein

Streit ist (die Behauptung des „Ja"-Antwortens), als durch Geständnis festgestellt nicht anerkennen wollen?

Unklare Vorstellungen über den Begriff einer „einheitlichen Gesamt-Tatsache", vor allem aber die Nachwirkungen der gemeinrechtlichen Lehre von der „Unteilbarkeit" des Geständnisses kommen hier als Ursachen in Frage.[150]) Die „einheitliche Gesamttatsache" ist jedoch in Wahrheit weiter nichts als die zusammenfassende Bezeichnung mehrerer Tatsachen. Und der Satz, daß nur ein Geständnis des Beklagten bezüglich sämtlicher zur Begründung des Klageanspruchs dienenden Einzeltatsachen formell feststellende Kraft besitze, dieser Satz folgt keineswegs aus der Natur der Sache. Die Lehre von der Unteilbarkeit des Geständnisses ist ein bloßes Dogma, so lange sie nicht als Inhalt der lex lata nachgewiesen wird, — ein Nachweis, welcher für das geltende deutsche Recht schlechterdings nicht erbracht werden kann.

3. Die geltende deutsche ZPO. enthält keine Bestimmung, welche die Berücksichtigung eines Geständnisses als formell feststellenden Tatbestandes nur unter gewissen Bedingungen gestattete. Die Vorschrift des Art. 1356 CC.:

> L'aveu judiciaire fait pleine foi contre celui qui l'a fait. — Il ne peut être divisé contre lui; —[151])

diese Bestimmung ist in ihrem zweiten Teile in die deutsche ZPO. nicht aufgenommen worden: aus § 289 I läßt sich per argumentum e contrario ebensowenig wie ex analogia irgend ein sicherer Schluß herleiten. § 289 II aber verweist auf „die Beschaffenheit des einzelnen Falles". Und nach der Natur der Sache nehmen nur solche „zusätzlichen oder einschränkenden Behauptungen" einer prozessualen Erklärung den Geständnischarakter, welche der Erklärung die erforderliche Bestimmtheit rauben. Es erkläre z. B. der Beklagte folgendes: „Ja, die Sache mag wohl wirklich so zugegangen sein, wie der Kläger behauptet; — ich bin aber selbst gar nicht dabei gewesen." Hier bewirkt der letzte „einschränkende" Zusatz, daß nunmehr „nach der Beschaffenheit dieses einzelnen Falles" vielleicht die ganze Erklärung des Beklagten gar kein Geständnis mehr, sondern nur noch eine Nichtwissenserklärung (§ 138 III ZPO.) darstellt. — Es bleibt also trotz des § 289 II der Grundsatz des § 288 I unangetastet bestehen, welcher eben jedem Tatsachengeständnis überhaupt formell feststellende Kraft beilegt.

II. 1. Wer also mit der hier vertretenen realistischen Auffassung die beliebigen von der Partei zur Begründung der Urteilsvoraussetzung behaupteten Tatsachenurteile selbst als die eigentlich erheblichen „Tatsachen" ansieht, für den ist jedenfalls das eine klar: soweit die Sachdarstellung der Gegenpartei mit der Sachdarstellung der zuerst behauptenden Partei übereinstimmt, insoweit sind auch diese „tatsächlichen Behauptungen" nunmehr durch Geständnis formell festgestellt und „bedürfen fürderhin keines Beweises" (§ 288 I ZPO.). Daß in dem oben angeführten Beispiel der Beklagte auf die Offerte des Klägers mit „Ja" geantwortet hat, steht durch das Geständnis des Beklagten völlig fest, — so gut als wäre es durch einen glaubwürdigen Zeugen bekundet. Zweifelhaft bleibt nur noch, ob der Beklagte zu seinen Worten die erwähnte Bemerkung hinzugefügt hat oder nicht.

2. Das eigentliche Problem liegt somit erst in der Frage: muß nun der Beklagte die Positive beweisen, daß er damals jene zusätzliche Bemerkung wirklich ausgesprochen habe, oder muß umgekehrt der Kläger die Negative beweisen, daß der Beklagte damals jene zusätzliche Bemerkung in Wirklichkeit nicht ausgesprochen habe? Auch wer sich für die zweite Alternative entscheidet, darf hinfort nicht mehr sagen, der Kläger habe hier die „Annahme" des Angebots zu beweisen. Die streitige und zu Beweis stehende „Tatsache" ist ja nicht mehr die Alternative „Annahme oder Ablehnung", sondern die Alternative: hat der Beklagte damals jene zusätzliche Bemerkung ausgesprochen oder nicht ausgesprochen?

3. Für die Beweislast des Beklagten entscheidet sich Brodmann und setzt sich dadurch in diametralen Gegensatz zu aller bisherigen (Leugnungs- und Einrede-) Theorie. Die entgegengesetzte Auffassung wird hier vertreten, — eine Auffassung, welche sich für uns, die wir bezüglich der Verteilung der abstrakten Feststellungslast von der

„Leugnungstheorie“ ausgehen, im Ergebnis dieser Theorie außerordentlich nähern wird.[152])

Zweites Kapitel:

Tatsächliche Behauptungen, Bestreitungen, Affirmationen und Negationen.

§ 33.

Einführung in den Untersuchungsgegenstand. — Die wirklichen „Behauptungen“ können im Rechtssinne „Bestreitungen“ sein und umgekehrt.

I. Wenn wir jetzt zur Begründung unserer Stellungnahme und zur Widerlegung der Brodmannschen Meinung schreiten, so müssen wir unseren Erörterungen folgende beiden grundsätzlichen Bemerkungen vorausschicken:

1. Es kommt bei der Beweislast niemals darauf an, wer „behauptet“, sondern nur darauf, wer „behaupten muß“. Gerät derjenige, welcher eigentlich behaupten müßte, zufällig in die Rolle des Bestreitenden, so muß er eben den durch seine Bestreitung ausgedrückten Satz als Behauptung aufrechterhalten.[153]) [154])

Unterstellen wir also in unserem Paradigma die Beweislast des Klägers, so ergibt sich: Die zufällig in der Form einer Behauptung auftretende Angabe des Beklagten: er habe seinem Ja die erwähnte Bemerkung hinzugefügt, — diese Behauptung ist prozeßrechtlich eine Bestreitung. Sie stellt nämlich die Bestreitung der vom Kläger aufrecht zu erhaltenden Behauptung dar, wonach der Beklagte seinem Ja die erwähnte Bemerkung „nicht hinzugefügt“ haben soll. Diese prozeßrechtliche „Behauptung“ des Klägers ihrerseits erschien hier einmal zufällig in der Form einer Bestreitung des gegnerischen Vorbringens.

Man darf sich also durch die Mehrdeutigkeit der Begriffe „Behauptung“ und „Bestreitung“ den Blick für das rechtlich Wesentliche nicht trüben lassen. Ob das Vorbringen einer Partei eine Behauptung oder eine Bestreitung im Rechtssinne darstellt, dieses können wir nicht im Prozesse durch Erfahrung wahrnehmen. Beweispflichtig ist nicht, wer behauptet hat, sondern wer behaupten mußte.

2. Es kommt bei der Beweislast auch nicht darauf an, wer affirmiert und wer negiert. Nicht jede Affirmation ist eine Behauptung im Rechtssinne, nicht jede Negation ist eine Bestreitung im Rechtssinne.[155])

II. Die Richtigkeit der ersten dieser grundsätzlichen Bemerkungen wird allgemein anerkannt.[156]) Dieser Grundsatz brauchte also nur noch einmal hervorgehoben und in eine möglichst klare und präzise Formulierung gebracht zu werden.

§ 34.

Die positiven Behauptungen können im Rechtssinne „Bestreitungen" sein und umgekehrt.

I. 1. Einigermaßen anders steht es mit unserer zu zweit genannten grundsätzlichen Vorbemerkung. Hier dürfte zwar die Meinung, daß es neben den positiven auch negative Tatsachen gibt, allenfalls als herrschende Auffassung bezeichnet werden.[157]) Unbestritten ist sie aber bis auf den heutigen Tag noch durchaus nicht, weder im allgemeinen noch in der einzelnen Anwendung. Und wir können sagen, daß sie sogar mit Grund bestritten wird; denn zutreffend ist diese Lehre ja überhaupt erst dann, wenn man bei den „Tatsachen" in Wahrheit an die Tatsachenurteile denkt.

2. a) Solange man dagegen als Tatsache sich das konkrete wirkliche materiellrechtlich erhebliche Geschehen, die wirklichen Ereignisse und Zustände, vorstellt, so lange ist die Lehre von den „negativen Tatsachen" direkt falsch, ein seit langer Zeit überholter philosophischer Irrtum. Denn negative wirkliche Tatsachen gibt es gar nicht. Die Tischdecken, von denen wir sagen, daß sie „nicht blau" aussähen, sind wirklich existierende, auch mit einer Farbe versehene Tischdecken; — so gut wie diejenigen Tischdecken, von welchen wir sagen, daß sie blau aussähen.

b) Falsch ist aber von dieser Anschauung aus ebenso auch die Lehre von der „positiven" Natur der wirklichen Tatsachen. Die Bejahung liegt dem konkret Wirklichen ebenso fern wie die Verneinung. Die wirklichen Ereignisse und Zustände als solche sind auch nicht positiv. In Wahrheit hat dieser ganze Gegensatz des Positiven und Negativen Sinn und

Bedeutung nur in der Welt des Abstrakten, der gedachten Begriffe und Urteile. In der Welt des Wirklichen entfällt diese Unterscheidung. Das wirkliche Ereignis oder der wirkliche Zustand als solcher ist weder positiv noch negativ. Es gibt in der Wirklichkeit weder positive noch negative Tatsachen, sondern einfach nur Tatsachen. Die Unterscheidung des Affirmativen und Negativen „bezieht sich nicht auf die Tatsachen selbst, sondern auf die Art und Weise, in welcher wir von ihnen reden". [158])

3. Eben darum aber kommen im Prozesse neben den positiven auch die negativen Tatsachen in Betracht. Hier handelt es sich ja gerade um die „Art und Weise, in welcher wir von den Tatsachen reden". Hier bewegen wir uns ja gerade durchaus im abstrakt Begrifflichen. Hier ist ja gerade jede „Tatsache" schon ein abstraktes Tatsachenurteil, die positive Tatsache nicht weniger als die negative Tatsache.

Der Prozeß hat mit dem konkret wirklichen Geschehen unmittelbar nichts zu tun. In ihm dient beides, die Bejahung wie die Verneinung des Vorliegens einer Tatsächlichkeit, in gleicher Weise nur als ein Hilfsmittel, ein Surrogat, welches dem Richter die eigene Wahrnehmung ersetzen soll.

4. Da man also im Prozesse schon einmal genötigt ist, die konkrete Erfahrbarkeit des Wirklichen durch die abstrakte Mitteilung in Worten (Begriffen) zu ersetzen, so würde man natürlich höchst unklug handeln, wollte man sich dabei die genaue Hälfte der Mittel zur Mitteilung, eben die negativen Tatsachenurteile, selbst versperren. Man kann einen Inbegriff konkreten Seins und Werdens bald durch eine positive, bald durch eine negative Aussage kürzer und deutlicher beschreiben. Es ist eine reine Frage der Sprach- und Begriffs-Technik, welches Mittel im Einzelfall zweckmäßiger anzuwenden sei, ein positiver oder ein negativer Ausdruck. Eine innere Verschiedenheit etwa in der Richtung, daß die positive Mitteilung dem konkreten Sein und Werden irgendwie näher stünde als die negative, ist in keiner Weise anzuerkennen. Als Mittel zur Mitteilung steht das negative Urteil dem positiven völlig gleichwertig zur Seite. [159])

5. Und wieviel zweckmäßiger kann es im Einzelfalle sein, will man die Anwendbarkeit z. B. des Begriffes der

„Fahrlässigkeit“ auf ein konkretes menschliches Verhalten begründen, daß man dem Richter mitteilt: dieser Mensch hat zu einer bestimmten Zeit unter bestimmten Umständen eine bestimmte Handlung nicht ausgeführt (unterlassen, versäumt): z. B. er hat des Abends die Speichertür, deren Schliessung ihm oblag, nicht zugeschlossen. Wieviel umständlicher und schließlich auch unverständlicher wäre es hier, wollte man ausführlich durch lauter positive Angaben das konkrete tatsächliche Verhalten des betreffenden Menschen um die betreffende Zeit beschreiben? [160])

6. Übrigens kann auch der Beweis ebensogut dafür erbracht werden, daß eine Tatsächlichkeit nicht vorliege, wie dafür, daß sie vorliege; man denke beispielsweise an den Beweis des Alibi im Strafprozeß. Wir wissen bereits, daß sich der Beweis unmittelbar stets nur auf die Wahrheit eines Satzes richten kann. Es kann aber dem Richter ebensogut die Überzeugung verschafft werden, daß die als nichtvorliegend behauptete Tatsächlichkeit in der Wirklichkeit nicht vorliege, wie dafür, daß die als vorliegend behauptete Tatsächlichkeit wirklich vorliege. [161]) Freilich bleibt ein solcher Beweis auch der konkretesten Negative stets ein „indirekter“ Beweis, — während der Beweis einer Positive ausnahmsweise auch einmal direkt geführt werden kann. [162])

7. Was insbesondere die Unbeweisbarkeit „abstrakter Negativen“ betrifft, von welcher soviel in der Literatur gesprochen wird, [163]) so ist darüber zu bemerken:

„Konkrete Negative“ gibt es überhaupt nicht, ebensowenig wie „konkrete Positive“. Es gibt nur „konkretere und abstraktere“ negative Angaben. Wie es auch nur „konkretere und abstraktere“ positive Angaben gibt. —

Dennoch liegt jener Behauptung von der Unbeweisbarkeit gerade der sogen. „abstrakten Negativen“ ein richtiger Gedanke zugrunde. Man denkt dabei nämlich ausschließlich oder in erster Linie an die negativen „Urteilsvoraussetzungen“. [164])

Und das Gegebensein einer solchen negativen Urteilsvoraussetzung ist allerdings normalerweise nicht als Tatsache zu beweisen, vielmehr durch die bewiesene Behauptung anderer Tatsachen zu begründen. Das gleiche gilt aber in genau derselben Weise auch für positive Urteilsvoraussetzungen;

deren Gegebensein ist regulärer Weise ebenfalls nicht zu beweisen, sondern nur zu begründen.

Im übrigen ist zuzugeben, daß sich die Negation eines konkreteren Urteils gewöhnlich leichter beweisen läßt, als die Negation eines abstrakteren Urteils; — während es sich mit dem Positiven-Beweise gerade umgekehrt verhält. Es läßt sich leichter beweisen, daß ein Mensch „an einem Tage“ ein bestimmtes Lokal nicht betreten hat, als daß ein Mensch „in einem Jahre“ ein bestimmtes Lokal nicht betreten hat.

8. Die Wahrheit einer negativen tatsächlichen Behauptung kann natürlich auch von der Gegenpartei zugestanden werden oder bei Gericht offenkundig sein.[165])

9. Es ist dargetan, daß die prozessuale Gleichstellung der positiven und negativen Tatsachen der Vernunft entspricht.

Diese Gleichwertigkeit der positiven und negativen Tatsachenurteile wird aber auch im Gesetze noch ausdrücklich anerkannt.

Ein Parteivorbringen muß sich zwar, um eine „tatsächliche Behauptung“ im Sinne der ZPO. zu sein, auf konkrete tatsächliche Verhältnisse beziehen. Aber die Art dieser Beziehung ist vom Gesetz doch freigelassen. Tatsächliche Momente können affirmierend und negierend, bejahend und verneinend in den Prozeß eingeführt werden.

Zur Evidenz wird solches durch die §§ 463 I, 464 I der ZPO. bewiesen. Diese Gesetzesbestimmungen sprechen von dem „vollen Beweise“ der „beschworenen Tatsache“ und ihres „Gegenteils“. Nun hat eine wirkliche Tatsache überhaupt kein Gegenteil. Setzt man aber für „Tatsache“ Tatsachenurteil ein, so ist offenbar das Gegenteil des das Vorliegen einer Tatsächlichkeit besagenden Tatsachenurteils die entsprechende Negative und umgekehrt. Unter allen Umständen erscheint daher in diesen Fällen eine Negative entweder sogleich als thema probandum oder doch wenigstens demnächst als thema probatum.[166])

II. 1. Bei jeder zur Beweislast stehenden Tatsache handelt es sich also in Wahrheit stets um eine Alternative. Ein und dasselbe identische Beweisthema steht sich „in der entgegengesetzten Qualität der Positive und der Negative der

Behauptung“ gegenüber.[167]) Dabei gilt natürlich der logische Satz: negatio negationis est positio. Der Beklagte, der das Nichtvorliegen einer Tatsächlichkeit bestreitet, behauptet das Vorliegen dieser Tatsächlichkeit. Der Kläger, welcher das Nichtvorliegen der Tatsächlichkeit behauptet, bestreitet deren Vorliegen; jede Behauptung ist zugleich eine Bestreitung, jede Bestreitung eine Behauptung. Welche von beiden Behauptungen die „Behauptung im Rechtssinne“ darstelle, und welche von beiden Behauptungen die Bestreitung im Rechtssinne darstelle, — diese Frage läßt sich auch nicht aus der logischen Form des Parteivorbringens entnehmen, so wenig wie sie sich aus den tatsächlichen Ereignissen des wirklichen Behauptens und Bestreitens heraus beantworten ließ.[168])

2. Erst eine Besinnung auf die Verteilung der abstrakten Feststellungslast und eine Beurteilung der in Frage kommenden „positiv-negativen Tatsachen“ in der Richtung der Frage: welche Urteilsvoraussetzung kann durch diese Tatsache begründet werden? — erst diese beiden Erwägungen vermögen uns darüber Aufschluß zu geben, welche von den beiden Parteien die eigentlich behauptende (und daher auch die beweispflichtige), und welche von beiden Parteien die bloß bestreitende (und daher nicht beweispflichtige) ist.

§ 35.

Allgemeine Rechtfertigung der hier vorgetragenen Meinung und Widerlegung der entgegengesetzten Meinung Brodmann's.

I. Kehren wir jetzt zu unserem Paradigmafalle zurück: Der Kläger trägt vor, der Beklagte habe mit „Ja“ geantwortet. Der Beklagte trägt vor: er habe geantwortet: „Ja, — das muß ich mir doch erst noch überlegen.“

Offenbar muß hier der Kläger zur Begründung der erfolgten „Annahme“ seines Angebots nicht bloß behaupten, daß der Beklagte mit „Ja“ geantwortet hat. Er muß vielmehr weiterhin noch behauptend aufrecht erhalten, daß der Beklagte seinem Ja den von ihm behaupteten Zusatz nicht hinzugefügt habe. Nur die erste dieser Behauptungen wird vom Beklagten zugestanden. Für die Wahrheit der zweiten bleibt somit der beweispflichtige Kläger beweisführungspflichtig.[169])

II. Brodmann geht bei der Begründung seiner entgegengesetzten Auffassung von folgender Erwägung aus: Die Tatsache, daß der Beklagte auf das Angebot des Klägers mit Ja geantwortet hat, ergibt bereits den Schluß darauf, daß die Offerte des Klägers seinerzeit vom Beklagten „angenommen" worden sei. Ergibt aber die vom Beklagten zugestandene Tatsache diesen Schluß bereits, „und beruft sich der Beklagte auf Vorgänge, welche, wenn wahr, den Syllogismus unterbrechen, dann wird der Beklagte beweisen müssen, wenn seine Behauptungen bestritten werden."[170])

III. 1. Hiergegen ist folgendes einzuwenden: Sobald der Richter die Möglichkeit in Betracht zieht, daß der Beklagte seinem Ja den erwähnten Zusatz hinzugefügt haben könnte, — so wird im selben Augenblick die eine Tatsache, daß der Beklagte seinerzeit das Ja ausgesprochen hat, für sich allein den Schluß auf die „Annahme" noch nicht ergeben. Der Richter wird aber diese Möglichkeit berücksichtigen, sobald er von einer Partei darauf hingewiesen wird. Er wird — vielleicht gerade in diesem Beispiel nicht so leicht, wohl aber in andern später zu erörternden Fällen — auch von selbst solche Möglichkeiten in Betracht ziehen. Die Verhandlungsmaxime steht dem nicht entgegen. Denn einmal muß der Richter bei jeder Subsumtion überhaupt eine Reihe von Möglichkeiten berücksichtigen, von denen im Prozesse in keiner Weise die Rede gewesen ist. Er könnte sonst auch die einfachste Subsumtion nicht vollziehen. — Anderseits unterstellt der Richter ja gerade, wenn er die Urteilsvoraussetzung der Annahme durch die Tatsache des Ja-Sagens allein begründet wähnt, nicht bloß die Möglichkeit, sondern sogar die Wahrheit der Tatsache, daß der Beklagte seinem Ja einen Zusatz von der Art des erwähnten Zusatzes nicht hinzugefügt habe. Diese negative Tatsache ist aber so wenig bewiesen, wie ihr Gegenteil.

2. Es ist doch gar kein Zweifel, daß der Beklagte das Angebot nicht angenommen hat, wenn er seinem Ja wirklich den Zusatz hinzugefügt hat. Wie kann da der Richter die „Annahme" als gegeben ansehen, ohne die durch nichts begründete Unterstellung zu machen, daß der Be-

klagte seinem Ja den erwähnten Zusatz nicht hinzugefügt habe?

Diese negative Tatsache ist es, bezüglich deren zwar nicht die Einführung unterblieben ist,[171] bezüglich deren aber nicht die Spur eines Beweises erbracht ist, obwohl sie vom Beklagten anticipando[172] bestritten wurde und daher des Beweises bedarf.

3. Der Beklagte sucht also durch seine zusätzliche Behauptung nicht einen an sich begründeten Syllogismus zu „unterbrechen“;[173] er weist nur den Richter darauf hin, daß durch die bisher festgestellten Tatsachen allein die vom Kläger in Anspruch genommene Urteilsvoraussetzung noch nicht begründet sei. Dieser Hinweis kann unter Umständen — wie gerade in dem jetzt besprochenen Falle — eine eminente tatsächliche Bedeutung haben. Eine rechtliche Bedeutung hat er nicht, da der Richter die jetzt vom Beklagten als vorliegend bezeichnete Möglichkeit wie alle ihm sonst faßbaren Möglichkeiten als „Möglichkeiten“ auch ohnedies schon in Rücksicht ziehen muß.

IV. Praktisch kann natürlich der Richter dem Kläger seine Negative in freier Beweiswürdigung auch ohne jeden besonderen Beweis glauben. Er wird es tun, wenn für die Wahrheit der vom bestreitenden Beklagten affirmierten Zusatztatsache gar keine Wahrscheinlichkeit spricht. So z. B. wenn ein Zeuge bekundet hat, er habe am 2. Telephonrohr gestanden und den Beklagten auf das Angebot des Klägers mit einem klaren und deutlichen „Ja“ antworten hören; darauf habe er das Hörrohr abgesetzt, — und wenn jetzt der Beklagte vorbringt, er habe damals seinem Ja hinzugesetzt: „das muß ich mir doch noch überlegen.“[174] Dieses Vorbringen ist an sich so unwahrscheinlich, daß die in der Bestreitung dieses Vorbringens enthaltene „Behauptung“ des Klägers vielleicht ohne weiteres Glauben verdient.[175] — Anders wenn nur durch das Geständnis des Beklagten feststeht, daß der Beklagte damals „Ja“ gesagt hat, — und wenn der Beklagte seinem Geständnis die erwähnte zusätzliche Behauptung anfügt. Bei solcher Sachlage ist das Vorbringen des Beklagten keineswegs in sich unwahrscheinlich. Es ist weder wahrscheinlich noch unwahrscheinlich. Die in der Bestreitung dieses Vorbringens zum Ausdruck kommende

„Behauptung" des Klägers ist also zunächst einfach „ungewiß"; ihre Wahrheit muß durch den beweispflichtigen Kläger bewiesen werden.[176])

V. Zwei praktische Fragen sind es, welche dem theoretischen Interesse an der Streitfrage des qualifizierten Geständnisses täglich neue Nahrung zuführen. Das ist einmal die Frage nach der Beweislast bei der Klage auf den angemessenen Kaufpreis, — ferner die Frage nach der Beweislast bei der Klage aus einem angeblich unbedingten Geschäft. Diese beiden Fragen sollen im folgenden ausführlich erörtert werden.

§ 36.

Die Beweislast bei der Klage auf den kundenüblichen Kaufpreis.

I. „Der Kauf zum angemessenen oder üblichen Preise ist nichts anderes als ein Kauf zu tatsächlich (durch schlüssige Handlung) vereinbartem Preis, gerade wie der Kauf in einem Dreimark-Bazar nichts anderes ist als der Kauf zu tatsächlich vereinbartem Dreimark-Preis."[177])

1. Es hat wenig praktischen Zweck, die Frage der Beweislast für den Fall zu untersuchen, daß über den Preis nichts vereinbart wurde.

Sollte einmal wirklich keine, auch keine stillschweigende Vereinbarung über den Preis getroffen worden sein, so würden materiellrechtlich zweifellos die §§ 315/6 BGB. anwendbar werden.[178]) Man streitet nur noch darüber, ob in solchen Fällen „ein typischer Kauf" im Sinne des BGB. vorliegt oder nicht.[179])

2. Wir können hier diese konstruktive Streitfrage auf sich beruhen lassen und betonen nur, daß dieser ganze Streit vom Standpunkt der objektiven Erklärungstheorie aus relativ unwichtig ist. Denn eine rechtsgeschäftliche Vereinbarung eines Kaufpreises — und zwar nicht gerade des angemessenen, sondern vielmehr des in dem verkaufenden Geschäft kundenüblichen Preises,[180]) liegt auch dann vor, wenn die Kontrahenten an die Höhe des Preises gar nicht gedacht, geschweige denn eine bestimmte Preishöhe innerlich haben vereinbaren

wollen.[181]) Praktisch kommen also entgeltliche Warenveräußerungsgeschäfte ohne Vereinbarung eines bestimmten Preises kaum jemals vor; es handelt sich regelmäßig nur noch darum, zu ermitteln, welche Preishöhe im Einzelfall vereinbart worden ist.[182])[183])

II. Bringt nun in einem Prozesse der beklagte Käufer vor, es sei zwischen ihm und dem Verkäufer durch ausdrückliche Verabredung ein niedrigerer Preis, als der in dem Verkäufergeschäft kundenübliche vereinbart worden, so muß, wie sich nach unsern bisherigen Erörterungen von selbst versteht, natürlich der klagende Verkäufer alle die positiven und negativen „Tatsachen" zur Feststellung bringen, aus welchen sich durch Auslegung ergibt, daß die Verkäuferofferte und die Annahmeerklärung des Käufers den Umständen gemäß „nach Treu und Glauben und mit Rücksicht auf die Verkehrssitte" eine Vereinbarung des kundenüblichen Preises bedeuten. Bestreitet also der Verkäufer die Angabe des Käufers, wonach ein geringerer Preis ausdrücklich vereinbart sein soll, so stellt diese wirkliche Bestreitung und logische Negation rechtlich wieder eine „Behauptung" dar, deren Beweis dem Kläger obliegt.

Entgegengesetzt ist auch hier wieder die Entscheidung Brodmanns, welcher die Frage aufwirft, „für welche seiner Behauptungen denn den Kläger eine Beweislast treffen sollte"? Nun: natürlich für die — in Wirklichkeit freilich nur als Bestreitung vorliegende — negative Behauptung, daß der vom Beklagten behauptete geringere Preis nicht vereinbart worden sei.[184])

§ 37.
Die Beweislast bei der Bedingung.

I. Es werde eine Leistungsklage auf einen bedingten Vertrag gestützt. Nach den Normen der abstrakten Feststellungslast stehen sämtliche Voraussetzungen der Entstehung des Klaganspruchs zu Lasten des Klägers, sämtliche Voraussetzungen der nachträglichen Aufhebung des Klaganspruchs zu Lasten des Beklagten. Während nun vor Eintritt der suspensiven Bedingung zwar schon ein rechtliches Verhältnis, aber doch noch nicht dasjenige Rechtsverhältnis, welches den Klaganspruch der

Leistungsklage darstellt,[185]) zur Entstehung gelangt ist, verhält es sich mit der resolutiven Bedingung gerade umgekehrt: der Klaganspruch der Leistungsklage besteht hier schon vor dem Eintritt der resolutiven Bedingung und gerade nur bis zum Eintritt dieser Bedingung. Steht also eine suspensive Bedingung in Frage, so muß zugunsten des Klägers entweder die Unbedingtheit oder der Eintritt der suspensiven Bedingung festgestellt werden. Steht dagegen eine resolutive Bedingung in Frage, so bedarf es zugunsten des Klägers der Feststellung der Unbedingtheit nicht; vielmehr muß zugunsten des Beklagten die Vereinbarung der Bedingung und ihr Eintritt festgestellt werden.

II. Die Leugnungstheorie ideologischer Lesart muß daher konsequenter Weise bei bestrittener Anfangsbedingung die „Unbedingtheit" bezw. den „Eintritt der Bedingung" zur Beweislast des Klägers, bei bestrittener Endbedingung die „Vereinbarung der Bedingung" und ihren „Eintritt" zur Beweislast des Beklagten stellen. Solches ist denn auch der Standpunkt der innerhalb der Leugnungstheorie herrschenden Lehre.[186])

Ein lebhafter Streit besteht innerhalb der Leugnungstheorie darüber, wie denn in praxi bei behaupteter und bestrittener Suspensivbedingung der Kläger den ihm obliegenden Beweis der „Unbedingtheit" führen muß, was er beweisen muß, um seinem Hauptbeweise der „Unbedingtheit" zu genügen.[187])

1. Drei verschiedene Ansichten stehen sich hier gegenüber:[188])

a) Die Einen sagen, der Kläger habe darzutun, daß ein reiner, unbedingter Kauf abgeschlossen worden ist; aber er brauche nicht zu beweisen, daß die spezielle, vom Beklagten behauptete Bedingung unwahr sei.

b) Andere beschränken die vom Kläger zu beweisende Negative auf die Widerlegung der speziellen Bedingung, die der Beklagte vorschützt.

c) Endlich hat in der Praxis die Meinung sich Geltung verschafft, wonach der Kläger überhaupt nicht die Unbedingtheit, also überhaupt keine Negative darzutun habe, sondern sich darauf beschränken darf, die Willenserklärung „an sich", so wie er sie behauptet, nachzuweisen, während der Beweis der Bedingungssetzung Sache des vom Beklagten zu führenden Gegenbeweises sei.[189])

2. Eine Art vermittelnder und vereinigender Stellung zu dieser Kontroverse wird von Leonhard eingenommen. Es braucht nach ihm der Beweis der Unbedingtheit „nicht direkt geführt zu werden: es genügt, daß der Kläger schlechthin die Abgabe einer schlichten Willenserklärung, den reinen Abschluß beweist". Aber „natürlich genügt es auch, wenn man, statt den reinen Vertragsschluß zu beweisen, unmittelbar die Bedingung widerlegt".[190])

III. Der Gegensatz zwischen Leugnungs- und Einredetheorie tritt am deutlichsten hervor, wenn man die Hauptfrage aufwirft, zu wessen Lasten eine verbleibende Ungewißheit stehen soll. Insbesondere also die Frage, welcher Partei der zugeschobene Eid auferlegt werden soll. Sehen wir von dem mit Bezug auf die Fassung der Eidesformel sich wiederholenden Streit über das unmittelbare Beweisthema ab,[191]) so muß nach der Leugnungstheorie letzten Endes stets der Beklagte zum Beschwören der Vereinbarung einer suspensiven Bedingung, der Kläger zum Beschwören der Nichtvereinbarung einer resolutiven Bedingung zugelassen werden. Es trägt also bei der suspensiven Bedingung der Kläger, bei der resolutiven Bedingung der Beklagte die Behauptungs- und Beweislast; jener muß die „Unbedingtheit", dieser die „Bedingtheit" behaupten und beweisen. Dagegen steht nach der Einredetheorie auch die Vereinbarung einer Suspensivbedingung zur Behauptungs- und Beweislast des Beklagten.

IV. Mit der Leugnungtheorie stellen wir die Nichtvereinbarung einer Suspensivbedingung zur Beweislast des Klägers, die Vereinbarung einer Resolutivbedingung zur Beweislast des Beklagten. Dabei stellen wir jedoch, eingedenk unserer realistischen Grundauffassung, beide diese Umstände nicht zur konkreten, sondern nur zur abstrakten Feststellungslast der belasteten Partei: Die Frage, ob eine behauptete und bestrittene Abrede für den Fall ihrer Wahrheit eine suspensive oder resolutive Bedingung darstellen würde, diese Frage ist also nach der hier vertretenen Auffassung allein vom Richter im Wege der rechtlichen Beurteilung oder „Auslegung" zu entscheiden. Je nach dem

Ergebnis seiner Auslegung hat also der urteilende Richter entweder die tatsächliche Behauptung der Abrede (seitens der Beklagten) oder die tatsächliche Bestreitung der Abrede (seitens des Klägers) als die beweisdürftige „Behauptung" im Rechtssinne anzusehen und darnach den Eid über das Nichtvorliegen dieser Abrede dem Kläger oder den Eid über ihr Vorliegen dem Beklagten aufzuerlegen. [192])

VI. 1. zur weiteren Veranschaulichung des Problems und seiner Lösung mögen folgende Beispiele dienen, welche wir Stammlers Praktikum entnehmen. [193])

a) Nobel klagt gegen Grimmbart auf Schadensersatz wegen Nichterfüllung eines über ein Schwein geschlossenen Kaufvertrages. Die Klage wird am 20. Januar zugestellt.

In dem Verhandlungstermine behauptet Grimmbart, daß bei dem Abschlusse des Kaufvertrages folgendes vereinbart worden sei: Das Schwein müsse von Nobel spätestens bis Neujahr abgeholt werden; andernfalls sei der Kaufvertrag aufgehoben.

Von Nobel wird diese Verabredung bestritten.

Welches ist die juristische Konstruktion der Parteibehauptungen? und wie steht es mit der Beweislast?

b) Bei dem Ökonomen Hendrich hat der Knecht Pumke vom Januar bis Oktober 39 Wochen lang in Dienst gestanden. Sie sind dann mit beiderseitigem Einverständnis voneinander geschieden. Pumke fordert nun noch 63 Mark Lohn. Er habe sich für einen Jahreslohn von 240 Mark bei freiem Unterhalte verdungen; aber nur 117 Mark erhalten, statt der ihm zukommenden 180 Mark. Dagegen erklärt Hendrich, daß er beim Mieten des Knechtes ausgemacht habe: Wochenlohn von 3 Mark und Nachzahlung von 84 Mark, falls der Knecht ein volles Jahr im Dienste aushalte.

Wer hat den Beweis für seine jeweilig bestrittene Behauptung zu erbringen?

2. a) In Ansehung des Umstandes, daß es bei dem Abschluß des Kaufvertrages aus wirtschaftlichen Gründen dem Interesse des jetzt beklagten Verkäufers entsprach, sein Schwein auch wirklich zu verkaufen, und daß die dem Kaufvertrag hinzugefügte Abrede sich im wesentlichen als ein Druckmittel zum Zweck der schleunigen

Erledigung des ganzen Handels darzustellen scheint,[194]) — in Ansehung dieser und unter Berücksichtigung etwa sonst noch aus den Parteivorträgen ersichtlicher Umstände würde hier der Richter m. E. zu dem Ergebnis kommen, es sei in der von Grimmbart behaupteten Abrede die Vereinbarung einer resolutiven Bedingung zu sehen.

Der Richter würde aber zu dem gleichen Ergebnis auch dann kommen müssen, wenn Grimmbart seine Einrede anders formuliert und sich etwa dahin geäußert hätte: Ich habe dem Nobel bei den Verkaufsverhandlungen gesagt: „Du bekommst aber das Schwein nur dann, wenn du es dir bis spätestens Neujahr abholst. Vom Neujahrstage ab sehe ich zu, daß ich es anderweit los werde."

b) Gerade umgekehrt scheint mir der andere Fall zu liegen. Es liegt dem Ökonomen Hendrich daran, sein Personal nicht alle paar Monate zu wechseln. Er bezahlt gern etwas mehr, wenn er dafür einen Knecht hat, der bei ihm eingewöhnt ist.[194]) Die von Hendrich behauptete Verabredung ist also dahin auszulegen, daß ihr die Bedeutung der „Vereinbarung einer suspensiven Bedingung" zukommt. Es sind somit durch die unbestrittenen Behauptungen Pumkes noch nicht alle Voraussetzungen der Entstehung seines Anspruches begründet. Wenn also Pumke das Vorbringen des Hendrich, wonach er mehr als 3 Mark wöchentlich nur im Falle seines Längerverbleibens bekommen soll, — wenn Pumke dieses Vorbringen tatsächlich bestreitet, so stellt diese tatsächliche Bestreitung rechtlich eine ergänzende anspruchbegründende „Behauptung" dar. Bleibt die Wahrheit dieser Behauptung ungewiß, so bleibt damit eine der Voraussetzungen der Entstehung des Klaganspruchs ungewiß.

Nicht anders wäre die rechtliche Lage seitens des Richters zu beurteilen, wenn etwa folgende Abrede von Hendrich als zugetragen, von Pumke als nicht zugetragen bezeichnet worden wäre: Hendrich hätte beim Mieten des Knechtes erklärt: „Sie bekommen jährlich 240 Mark Lohn. Davon fallen aber 84 Mark weg, wenn Sie nicht mindestens ein Jahr lang bei mir aushalten. Denn den Leuten, die nur wochen- und monatsweise bei mir arbeiten, kann ich nicht mehr als 3 Mark wöchentlich geben." —

Auch eine solche Abrede wäre nicht als Vereinbarung einer resolutiven Bedingung auszulegen, obwohl dem äußeren Scheine nach von einem „nachträglichen Fortfallen“ eines Teils des Lohnanspruchs die Rede ist. Denn es würden genau die nämlichen wirtschaftlichen und persönlichen Erwägungen in Betracht kommen;[194] die zweite Erklärung des Hendrich würde „nach Treu und Glauben und mit Rücksicht auf die Verkehrssitte“ keine andere Bedeutung haben, als die zuerst unterstellte Erklärung.

3. Über die Richtigkeit dieser auslegenden „rechtlichen Beurteilung“ läßt sich gewiß streiten. Aber wesentlich ist in unserm Zusammenhang hier nicht das Ergebnis der richterlichen Auslegung sondern nur ihre Notwendigkeit. Die Verteilungsregeln der abstrakten Feststellungslast reichen für sich allein nicht aus, um die Verteilung der konkreten Feststellungslast für die einzelnen Behauptungen und Bestreitungen des konkreten Prozesses zu bestimmen. Erst die konkrete rechtliche Beurteilung des konkreten Tatbestandes durch den Richter ist es, welche an Hand jener abstrakten Regeln die Verteilung der Beweislast im einzelnen Falle bestimmt.

Anmerkungen.

[1]) Vgl. hierzu die allgemeinen Bemerkungen von Wendt, S. 417/18.

[2]) Nur ausnahmsweise sind die Regeln der Beweislast auch bei der Fällung anderer, urteilsähnlicher Entscheidungen zu beachten. Die wenigen und relativ unwichtigen Ausnahmefälle, in denen dies geschieht, werden weiter unten an ihrer Stelle mit berücksichtigt werden.

[3]) L o g i s c h betrachtet, enthält die Entscheidung zur Hauptsache nicht immer die Feststellung des Bestehens oder Nichtbestehens eines Rechtsverhältnisses. Der Richter muss nicht nur dann verurteilen, wenn alle Voraussetzungen des Bestehens des Klaganspruchs feststehen. Er muss unter Umständen (zufolge einer ,,Beweislastregel") die nämliche Verurteilung aussprechen, obwohl nicht alle Voraussetzungen des Bestehens des Klaganspruchs feststehen. Aber für die — durch die ,,Rechtskraft" vermittelte — r e c h t l i c h e Bedeutung einer Verurteilung ist es völlig gleichgültig, ob der Richter auf dem einen oder auf dem andern Wege zu der Verurteilung gelangt ist. In beiden Fällen hat die Verurteilung die Folge, dass nunmehr das Bestehen des Klaganspruchs als feststehend gilt. — Und das Gleiche gilt in entsprechender Umkehrung für die in der Klagabweisung enthaltene Feststellung des Nichtbestehens des Klaganspruchs.

Ihrer r e c h t l i c h e n Bedeutung nach ist also in der Tat die Verurteilung stets die Feststellung des Bestehens, die Abweisung ,,als unbegründet" stets die Feststellung des Nichtbestehens eines Rechtsverhältnisses.

[4]) Betzinger, Nr. 37 ff fasst den Inbegriff dieser Beweislastverteilungsregeln unter dem Namen der ,,prozessualen Aberkennungsschranke" zusammen.

[5]) Kohler, S. 69 erklärt ohne Angabe von Gründen, die gesetzliche Vermutung sei ,,zuerst für den Geschäftsverkehr, erst mittelbar für den Prozess massgebend."

[6]) Die Anwendbarkeit der schlichten Beweislastregel wird von der Feststellung irgend einer erst durch die Beweislastnorm zu den materiellen Voraussetzungen hinzugefügten ,,Vermutungsvoraussetzung" nicht abhängig gemacht.

Dieser Unterschied zwischen schlichter Beweislastregel und gesetzlicher Vermutung wird verkannt von Betzinger, wenn er sämtliche ausdrücklichen Beweislastregeln des BGB, von Leonhard, wenn er einen Teil dieser Beweislastregeln als ,,Vermutungen" bezeichnet. Cf. Betzinger, Nr. 119, Leonhard, S. 260 ff.

Nur in einem Falle wird der innere Unterschied zwischen Beweislastregel und eigentlicher Vermutung auch vom Gesetz selbst unberücksichtigt gelassen; im Falle des § 363 BGB. Dieser Paragraph müsste korrekt ausgedrückt lauten: „Hat der Gläubiger eine ihm als Erfüllung angebotene Leistung als Erfüllung angenommen (Vermutungsbasis!), so wird vermutet, dass die Leistung vollständig und keine andere als die geschuldete Leistung gewesen sei."

[7]) Infolge dieses Umstandes bleibt neben einer gesetzlichen Vermutung stets noch eine weitere Beweislastregel erforderlich. Es bleibt nämlich immer noch die Frage offen: Welche Entscheidung hat der Richter zu treffen, wenn das Zutreffen der „Vermutungsvoraussetzung" prozessual nicht feststeht und die Vermutungsnorm infolgedessen nicht anwendbar ist? — Über die Beantwortung dieser Frage vergl. unten in § 4, I dieser Abhandlung.

[8]) Gegen die prozessrechtliche Natur dieser Normen Leonhard, S. 246 und die bei Leonhard S. 249 in Anm. 2 zitierten Autoren.

Für die prozessrechtliche Natur dieser Normen vor allem Betzinger, Nr. 5 und Nr. 40. Ferner Brodmann II, S. 90, 146. Ferner die bei Leonhard S. 246 in Anm. 4 und die bei Betzinger Nr. 5 in Anm. 2 und 3 zitierten Autoren.

[9]) Diesen Umstand erkennen mehr oder minder deutlich besonders folgende Autoren: Bähr, S. 398, Fitting, S. 16, Betzinger, Nr. 2 u. Nr. 40, Brodmann II, S. 77/78. — Dagegen wird diesem Umstand jede Bedeutung für die Beweislast abgesprochen von Leonhard, S. 246. Die Worte, mit welchen Leonhard hier seine Stellungnahme begründet, enthalten einen folgenschweren Irrtum. Leonhard sagt: „Die Notwendigkeit des Richters zu entscheiden kommt nicht in Betracht. Denn es ist sachlich ganz gleichgültig, ob der Kläger, der nicht beweisen kann, ein abweisendes oder gar kein Urteil erhält." Damit setzt Leonhard die Nichtfeststellung des Bestehens eines Rechtsverhältnisses der Feststellung seines Nichtbestehens völlig gleich. In Wahrheit wird durch die — nach Ablauf der Rechtsmittelfristen rechtskräftige — Feststellung des Nichtbestehens eines Rechtsverhältnisses dem Kläger ein Recht, welches er vorher hatte, genommen. Dagegen würde die blosse Nichtfeststellung des Bestehens des Rechtsverhältnisses die vorprozessuale Rechtslage völlig ungeändert lassen.

[10]) Auch die sog. „Gestaltungsurteile" (z. B. die Ehescheidungsurteile) sind Urteile nur insoweit, als sie das Recht des Klägers auf Rechtsänderung feststellen; cf. hierzu Kohler, S. 55.

[11]) Andere Erwägungen greifen Platz, wo es sich um die Feststellung der Prozessvoraussetzungen handelt; cf. in dieser Abhandlung unten im § 8.

[12]) Mit anderen Worten: die objektiven Rechtsnormen, deren Anwendbarkeit wir als das „Bestehen" des Klaganspruchs bezeichnen, sind entweder niemals anwendbar geworden, oder zwar einmal anwendbar geworden, aber inzwischen wieder unanwendbar geworden.

[13]) Leonhard zieht zu seiner Begründung das zweite dieser Momente allein heran; er will die Hauptregel der Beweislastverteilung aus dem „Wesen der Rechtswirkung" allein erklären. Vgl. dagegen die zutreffenden Ausführungen Brodmanns, II, S. 158 ff.

Brodmann zieht zur Begründung der nämlichen Regel neben dem auch von Leonhard herangezogenen zweiten Moment als ein weiteres Begründungsmoment unzutreffend die „Verhandlungsmaxime" heran.

Beide beschränken die Geltung der Regel nicht auf den Klaganspruch, sondern dehnen sie auf alle im Prozesse sonst noch festzustellenden Rechtsverhältnisse aus.

Leonhard will überdies bei der negativen Feststellungsklage alle Voraussetzungen des Nichtbestehens des Klaganspruchs zur Beweislast des negativen Feststellungsklägers stellen; cf. Leonhard, S. 438f.

[14]) Dies bedeutet einen weiteren Unterschied zwischen der hier versuchten und den von Leonhard und Brodmann unternommenen „Begründungen" unserer Regel.

[15]) So die bei Leonhard, S. 230 Zitierten. — Ferner Hedemann, S. 160. — — Immerhin hat auch dieser Hinweis auf ein Gewohnheitsrecht etwas Bedenkliches. Denn, wie im § 7 noch ausgeführt werden wird, hat es stets Theorien gegeben, welche einige — — nach verschiedenen Masstäben bestimmte — — Entstehungsvoraussetzungen nicht zur Beweislast des Klägers, einige — — nach verschiedenen Masstäben bestimmte — — Aufhebungsvoraussetzungen nicht zur Beweislast des Beklagten gestellt haben.

[16]) Wach, S. 370, 388 will aus den wenigen speziellen Beweislastregeln des BGB „nach dem Auslegungsgrundsatze der Analogie" unsere allgemeine Regel der Beweislastverteilung als „Inhalt des Bürgerlichen Gesetzbuchs" ableiten.

[17]) Dies behauptet vor al em Stölzel, S. 144 ff.

[18]) Cf. hierzu besonders die Ausführungen Hedemanns, S. 160: „So kann auch eine Fortdauervermutung, die — anordnet, die subjektiven Rechte (prozessual) als in aeternum fortbestehend zu behandeln, nur gebilligt werden, wenn sie im Gesetz oder dem Gewohnheitsrecht enthalten ist."

Ebenso Leonhard, S. 142.

[19]) Dies, obwohl schon Fischer dem Entwurf zu einem BGB gegenüber nachdrücklich betont hat, wie sehr gerade diese spezielle Frage der „Beweislast bei negativen Feststellungsklagen" der gesetzlichen Regelung bedürfe. Cf. Fischer, S. 20 Anm. 2.

[19a]) Die Frage ist in Theorie und Praxis von jeher sehr streitig gewesen. Cf. über die verschiedenen Meinungen die Zitate bei Leonhard, S. 438f.

[20]) Das zur Beweislast der Gegenpartei stehende Gegenteil einer Entstehungsvoraussetzung wird in der Literatur als „rechtshindernde Tatsache" bezeichnet. — Solche Unterscheidung zwischen „Entstehungsvoraussetzungen" und „Entstehungshindernissen" hat jedoch, soweit ihr überhaupt Bedeutung beizumessen ist, ihre Bedeutung lediglich für das prozessrechtliche Institut der Beweislastverteilung. Logisch-materiellrechtlich betrachtet gehört die Abwesenheit jedes „Entstehungshindernisses" zu den Voraussetzungen der Entstehung eines Rechtsverhältnisses.

[21]) Vgl. hierzu unten § 16, II und § 21.

[22]) Es steht zu hoffen, dass sehr wertvolle Beiträge zu dieser Lehre schon in den nächsten Lieferungen des Hellwigschen Zivilprozesslehrbuchs enthalten sein werden. Dass er in seiner Darstellung der Beweislastlehre auch die Prozessvoraussetzungen mit berücksichtigen werde, verspricht Hellwig schon in Bd. 1, S. 184. Vgl. auch die ebendort in Anm. 8 angeführten Beispiele.

[23]) Von einer weiteren Einteilung dieser Prozessvoraussetzungen — — etwa in die Untergruppen der eigentlichen Prozessvoraussetzungen und der prozessualen Klagevoraussetzungen Hellwigs — — können wir für die Zwecke unserer Darstellung Abstand nehmen. Es bedeutet für uns hier keinen Unterschied, ob eine Klage „angebrachtermassen" („als unstatthaft") oder „zur Zeit" („als unzulässig")

abgewiesen wird. In beiden Fällen enthält das Urteil keine Entscheidung zur Hauptsache, wie die Verurteilung und die Abweisung „als unbegründet".

[24]) So zutreffend Degenkolb, S. 398.

[25]) Es sei nochmals betont, dass die ganze Frage hier nur berührt, nicht erschöpfend behandelt werden kann.

[26]) Eine Vorstufe, von deren Überwindung ab die hier zu schildernde Begriffsentwicklung erst beginnt, begriff die „Beweispflicht" als eine „subjektive Verpflichtung der einen Partei gegenüber der andern oder gegenüber dem Gericht zur Führung eines Beweises." Diese Auffassung spielt aber in der neueren Literatur nur noch insofern eine gewisse Rolle, als sie noch überall lebhaft bekämpft wird. Vertreten wird sie der Sache nach, so viel ich sehe, nirgends mehr. Und ob sie in der Form, welche man ihr heute in polemischer Absicht gibt, überhaupt jemals vertreten worden ist, scheint mindestens zweifelhaft. Als eine wirkliche subjektive Verpflichtung, auf deren Erfüllung geklagt werden könnte, und auf welche der Satz: impossibilium nulla obligatio — Anwendung finden müsste, ist sie wahrscheinlich niemals aufgefasst worden. Wer von einer „Beweispflicht" redet, dehnt nur den Begriff der „Pflicht" weiter aus, als diejenigen, welche den Ausdruck der „Beweispflicht" bekämpfen; — man denke aber in diesem Zusammenhange z. B. auch an den neuerdings aufgestellten Begriff der „Eigenfürsorgepflichten".

[27]) So Wehli; vgl. K. Adler im Jurist. Literaturbl. 1897, S. 41.

[28]) So Beckh, S. 1 ff.

[29]) So Glaser, S. 364 f.

[30]) So ausser den bereits genannten Autoren bes. Fitting, S. 12, Betzinger, Nr. 1; ferner noch die bei Leonhard S. 148 in Anm. 2 und auf S. 244/45 Zitierten.

[31]) So besonders deutlich Betzinger, Nr. 41 II.

[32]) So Hellwig, Bd. I, S. 161, Anm. 86, S. 184; Bd. II, S. 164.

[33]) So vor allem Rosenberg, S. 49 ff (S. 39); Rosenberg, Archiv, S. 7. — So schon früher Beckh, S. 7.

[34]) Ausdruck Betzingers; cf. z. B. Betzinger, Nr. 3.

[35]) Dies betont auch Betzinger Nr. 49,1 und die dort in Anm. 2 Zitierten.

[36]) Solches betont zutreffend besonders Wach S. 364.

[37]) Cf. hierzu Stötzel, S. 340, der auf die hauptsächlichsten unter den einschlägigen Bestimmungen mit allem Nachdruck hinweist: nur „tatsächliche Behauptungen" haben die Parteien einander mitzuteilen, § 272; — „Tatsachen" sind vor Gericht vorzutragen, § 137; zu „behaupten" und „zuzugestehen", § 288; zwecks Erlasses eines Beweisbeschlusses „anzugeben" oder zu „bezeichnen", §§ 371/3/4 ZPO.

Cf. auch schon früher Stein, bes. S. 5. Hier sind noch folgende §§ angeführt, in welchen sämtlich von „Tatsachen" oder „Zuständen" als dem Gegenstand des Beweises die Rede ist: §§ 282/86, 592/95, 359, 377, 414, 424/25, 430 ff, 445/46, 459 (neuer Folge).

Vgl. ferner die von Stölzel und Stein nicht mit angeführten §§ 138/39.

Unzutreffend meint Stein a. a. O., dass in dem § 335, Nr. 1 von einem „Umstand" als Gegenstand des Beweises die Rede sei. In Wahrheit spricht die ZPO. nur von der „Nachweisung wegen eines von Amtswegen zu berücksichtigenden Umstandes", nicht von dem Beweise eines solchen Umstandes. „Umstand" meint nämlich in der Sprache des Gesetzes offenbar immer die Frage des Zutreffens einer gesetzlichen Urteilsvoraussetzung (eines „gesetzlichen Merkmals") cf. z. B. auch in der StrPO. die §§ 264 II, 266 II. Ein solcher „Umstand" braucht daher nach der im Text weiter unten dargelegten Meinung weder behauptet noch bewiesen zu werden. Und es erscheint somit nicht wertlos, zu betonen, dass auch der § 335 ZPO. es offenbar vermeidet, die Behauptung und den Beweis solcher „Umstände" zu fordern.

[38]) Cf. z. B. Heusler S. 217 ff, Bähr S. 394 ff., Stölzel Z. S. 394 ff., Schneider S. 18/19; Stein a. a. O.

[39]) Abweichend die frühere Lehre, bes. Bethmann-Hollweg, cf. Fitting S. 4 ff. Teilweise abweichend neuerdings noch Wach S. 364 (cf. jedoch hierzu unten bei und in Anm. 81.)

Wie im Text aber alle modernen Autoren. Cf. bes. Fitting S. 15, Wach S. 360 (prinzipiell!), Leonhard S. 144 ff., S. 191/2, Betzinger No. 71, Stölzel z. B. S. 160, Brodmann I. S. 103, Brodmann II. S. 118 und passim.

[40]) Exakte Untersuchungen über diese zweite Abgrenzung finden sich in der Spezialliteratur der „Beweislast", soviel ich sehe, überhaupt nicht.

Dagegen enthält die Literatur der Lehre vom Beweis im allgemeinen manche nach dieser Richtung hin wertvolle Bemerkungen. Cf. besonders: Stein S. 8 und dort Zitierte. Dazu Kohler, GB. S. 68 „Jede mitgeteilte Tatsache setzt eine Abstraktion voraus".)

[41]) Cf. hierzu bes. Stein S. 32 ff., 39 ff.

[42]) In ähnlicher Weise stellt die Wissenschaft und Judikatur „mögliche" und „unmögliche", „kategorische" und „hypothetische" („wie jemand gehandelt haben würde!") Tatsachen einander gegenüber. Cf. hierzu Gaupp Stein zu § 282 II. 1 bei Anm. 13 und dort Zitierte, bes. RG. 32, 375.

[43]) Zumeist wird bei dieser Frage übersehen, dass das konkrete historische Geschehen der empirischen Wirklichkeit als solches auch nicht „positiv", „möglich" oder „kategorisch" ist. Nicht nur in der juristischen, sondern selbst auch in der philosophischen Literatur beschränkt man sich zumeist auf die Konstatierung, dass die Realitäten als solche nicht negativ, unmöglich oder hypothetisch sein können. Cf. über die ganze Frage Näheres in dieser Abhandlung unten § 34 I.

[44]) Cf. Best. S. 7: „Das Umstürzen eines Baumes ist ein Ereignis, das Dasein eines Baumes ist ein Zustand; aber beides sind Tatsachen".

Best übernimmt diese Unterscheidung wieder von Bentham (Rationale of Judicial Evidence, 1827, I. p. 47, 48). Ähnlich übrigens auch Heusler S. 217, Anm. 2, Danz. S. 32.

[45]) Dies bei der richterlichen Beweiswürdigung; cf. § 286 ZPO.

[46]) Zitelmann S. 448 definiert so die „Wahrheit" als die „Übereinstimmung der Proportionen unserer Vorstellungen mit den Proportionen des Seienden." Ähnlich definiert Schopenhauer, Satz vom Grunde, § 31 die „materielle Wahrheit" dahin: „Ein Urteil hat materielle Wahrheit, heisst überhaupt: seine Begriffe sind so miteinander verbunden, getrennt, eingeschränkt wie es die anschaulichen Vorstellungen, durch die es begründet wird, mit sich bringen und erfordern."

[47]) Solches behaupten ungenau Stein S. 10, 11 und Fischer S. 23.

Nach Stein soll das Gesetz die beiden Ausdrücke „gleichwertig für einan er" gebrauchen. Fischer rügt die durch das BGB. wie durch die ZPO. durchlaufende Verwechslung von „Behauptung" und „Tatsache". — Cf. aber dagegen den § 622 ZPO., in welchem von solchen „Tatsachen" die Rede ist, „welche von den Parteien nicht vorgebracht sind." — Die neueste Fassung des § 561 ZPO. spricht unzutreffend nur noch von „tatsächlichen Behauptungen", wo der frühere Wortlaut zutreffend von „Tatsachen" sprach; — wie nun, wenn das Berufungsgericht gemäss den §§ 622, 640 ZPO. „nicht vorgebrachte Tatsachen" festgestellt hat?

[48]) Cf. zum Belege den grössten Teil der oben in Anm. 37 zitierten Gesetzesvorschriften.

[49]) Vergl. hierzu besonders Kant S. 100.

[50]) Vergl. über diesen Ausdruck Gaupp-Stein zu § 282 II 1.

[51]) Zutreffend bemerkt Gaupp-Stein a. a. O., dass „auch beim Augenschein der Richter die Wahrnehmung in sich zum Tatsachenurteil zu verarbeiten hat und jede Tatsache (also auch die durch Augenschein zu beweisende) in den Prozess als Parteibehauptung, das heisst ebenfalls als Tatsachenurteil, eingeführt werden muss".

[52]) Auf die Frage der negativen Tatsachenurteile ist unten ausführlich zurückzukommen.

[53]) Ein jedes Tatsachenurteil kann ferner einen möglicherweise wahren und einen unmöglicherweise wahren Inhalt haben; im ersteren Falle heisst es eine „mögliche", im letzteren Falle eine „unmögliche" Tatsache.

Ein jedes Tatsachenurteil kann eine Verknüpfung von Vorstellungen kategorisch als wahr oder hypothetisch als unter gewissen Bedingungen wahr bezeichnen; im ersten Fall heisst es eine „kategorische", im zweiten Fall eine „hypothetische" Tatsache. — — Cf. hierzu oben Anm. 42.

[54]) Rosenberg (S. 39, 43) sagt wörtlich, jeder Kläger und jeder Beklagte habe zu behaupten und zu beweisen „die Tatsachen, welche zu seinen Gunsten sprechen, das sind die Voraussetzungen des Rechtssatzes, dessen Rechtswirkung er geltend macht."

[55]) Auch dies letztere wird wenigstens von allen denjenigen Autoren behauptet, welche sich einmal von dem subjektiven Beweislastbegriff losgelöst haben und die Frage der Beweislast objektiv dahin stellen, welche Partei infolge der verbleibenden Ungewissheit über eine erhebliche Tatsache eine rechtliche Einbusse erleidet. Cf. hierzu Leonhard S. 2. 145, 216, 245 und dort in Note 4 Zitierte, besonders Wach S. 364. Ferner Stölzel, Vorrede zur IV. Auflage 6. Absatz, am Ende.

Wenn sich nicht noch weit mehr Stellen anführen lassen, in welchen ausdrücklich die „abstrakte Unabänderlichkeit" der Beweislastverteilung betont wird, so beruht dies lediglich auf dem Irrtum der subjektiven Beweislast, bezw. auf dem früheren Irrtum der Vermischung von Hauptbeweis und Gegenbeweis.

Die hier vertretene Meinung akzeptiert die Begriffbestimmung der „objektiven" Beweislast und behauptet trotzdem, dass die Verteilung der Beweislast im einzelnen Falle von der konkreten Prozesslage durchaus abhängig sei. Die nähere Begründung dieser Meinung wird im folgenden Kapitel gegeben werden.

[56]) So besonders Leonhard Seite 49 und die dort Seite 49/50 zitierten Autoren. Auch Brodmann II Seite 152 ff. scheint sich nach

einigem Schwanken dieser Meinung anzuschliessen. — So auch die hier vertretene Meinung; cf. oben § 7.

[57]) Daraus, dass die herrschende Meinung diese Annahme wirklich macht, ergibt sich zur Evidenz, dass es ein sachlicher Irrtum und nicht bloss eine falsche Ausdrucksweise ist, wenn von ihr die „Beweislast" auf die „gesetzlichen Merkmale" abgestellt wird.

Zu bemerken ist, dass auch Brodmann diesen Fehler der herrschenden Lehre nicht klar erkannt hat. Zum Belege cf. Brodmann II Seite 154.

[58]) Zum Belege cf. die Aufzählung der allgemeinen und speziellen Rechtsfolge-Voraussetzungen bei Betzinger No. 37 und bei Brodmann II S. 156/157.

[59]) So vor allem Leonhard, der aus der Not direkt eine Tugend macht, ganze Systeme stillschweigender Behauptungen aufstellt, sodass er sogar im Sachregister den stillschweigenden Behauptungen eine besondere Rubrik eröffnen muss. Cf. Leonhard Seite 130 ff., 194, 223 ff., 352 ff., 451.

So aber auch die meisten anderen Autoren. Vergl. neuerdings noch Kisch II. Seite 79f; so auch Brodmann a. a.O.

[60]) Cf. Leonhard Seite 103 f. — Der Sperrdruck einiger Worte ist, zur Hervorhebung der für uns besonders wichtigen Punkte, hinzugegeben.

[61]) Gemeint sind diejenigen, welche fehlen können, ohne der Klagbegründung ihre vorläufige „Schlüssigkeit" zu nehmen.

[62]) Der Gegensatz zwischen Substanziierungs- und Individualisierungstheorie ist in diesem Zusammenhange bedeutungslos.

[63]) Dieses Wort ist schon bei Leonhard gesperrt gedruckt.

[64]) So Danz Seite 5. — Cf. auch weiterhin die aus dem Sachregister Seite 249 ersichtlichen zahlreichen anderen Stellen, an welchen Danz die Frage der stillschweigenden Willenserklärung erörtert.

[65]) Selbst einem Autor vom Range Steins geschieht es, dass er gelegentlich in diesen Irrtum verfällt. So bezeichnet er Seite 89 die Tatsache, dass „Geld gegeben" ist, als ein blosses Indizium für die von der Partei „behauptete" eigentlich erhebliche Tatsache, dass „eine Summe als Darlehn gegeben ist".

[66]) Dass dem so sei, betont ausdrücklich Betzinger No. 36.

[67]) So z. B. Betzinger No. 36 und dort Zitierte; dazu Manigk S. 150, Schultze Seite 7, 46, 91; Stein S. 12; Schopenhauer, Welt als Wille, Bd. II, Kap. 10 („Zur Syllogistik").

[68]) So zutreffend Betzinger No. 36 ff.

[69]) z. B.: alle „Menschen" sind sterblich; Caius ist ein „Mensch"; aber nicht: Caius ist ein „Franzose".

[70]) Cf. über diesen Unterschied zwischen konkreter und abstrakter Beurteilung besonders die Hahn'schen Materialien Seite 366 f — bei der Erörterung der Revision; (— offenbar sind aber die „festgestellten" Tatsachen des § 561 der ZPO ihrem Wesen nach nicht allzu verschieden von den „festzustellenden" Tatsachen, auf welche sich die Beweislast bezieht —.)

Die Geschworenen im Strafprozesse haben ausser der Aufgabe der Tatsachenfeststellung noch die Aufgabe der konkreten rechtlichen Beurteilung oder Subsumtion, während die abstrakte Beurteilung Sache des fragenformulierenden und urteilsprechenden Gerichtes ist; cf. § 293 StPO. Dazu z. B. Löwe-Hellweg StPO. (1908) zu § 293 3a—d; besonders aber von Bar Seite 169 ff. Die „konkrete rechtliche Beurteilung" wird bisweilen auch als „interpretatio facti" bezeichnet.

[71]) Die richterliche „Beweiswürdigung" beruht auf den von den Parteien beigebrachten „Nachweisen" und „Widerlegungen" tatsächlicher Behauptungen. Die richterliche „rechtliche Beurteilung" bezieht sich auf diejenigen Tatsachen, welche die Parteien zur rechtlichen „Begründung" ihrer Anträge vorgetragen haben.

Die Parteifunktionen „Nachweis" und „Begründung" sind untereinander ebenso fundamental verschieden wie die richterlichen Funktionen Beweiswürdigung und rechtliche Beurteilung. — „Nachweis" und „Begründung" werden auch im Gesetz selbst deutlich von einander unterschieden; cf. z. B. § 130 ZPO., No. 5 und No. 3.

Die Parteien „begründen" durch „bewiesene" Tatsachen das Zutreffen von gesetzlichen Rechtsfolgevoraussetzungen, somit die Anwendbarkeit gesetzlicher Vorschriften. Solche „Begründung" heisst freilich im gemeinen Sprachgebrauch wieder ein „Beweis". Anders aber nach dem gesetzlichen Sprachgebrauch, welcher den „Beweis einer Tatsache" von der „Begründung der Anwendbarkeit eines Gesetzes" deutlich unterscheidet.

[72]) Auch Brodmann ist bis zu einer völlig klaren Unterscheidung dieser beiden Begriffe noch nicht durchgedrungen; — cf. oben Anm. 57 und 59.

[73]) Cf. hierzu vor allem die scharfsinnigen Ausführungen Brodmanns I. und II. Brodmann hat zuerst dieses Abhängigkeitsverhältnis klar erkannt. Seine Darlegungen haben zu den Ausführungen des Textes vielfach die Anregung gegeben.

[74]) Auch Stölzel und Brodmann beschränken sich zumeist auf die Erörterung dieser Spezialfrage. Cf. z. B. Stölzel Seite 209, Brodmann II Seite 103. — Cf. aber auch unten Anmerkung 80.

[75]) Dieses Beispiel wird — in anderem Zusammenhange — auch durch Danz Seite 199, Anmerkung 3 herangezogen.

[76]) Vergl. zum folgenden auch die Definitionen von Gaupp-Stein zu § 282 II 2) a.: „Die — juristischen Urteile sind Aussagen darüber, dass in bestimmten Tatsachen ein Rechtsbegriff (Verjährung, Zufall, Verschulden usw.) verkörpert sei, oder dass ein tatsächlicher Hergang ein bestimmtes Rechtsverhältnis (Kauf, Miete usw.) darstelle, oder endlich, dass ein Anspruch oder eine Rechtsfolge anderer Art bestehe. Alle diese Urteile werden gewonnen durch Subsumtion konkreter Tatsachen oder Tatbestände unter Rechtssätze."

[77]) Cf. hierzu das oben § 16 III. 2) angeführte Zitat aus Leonhard (am Ende).

[78]) Ebenso Gaupp-Stein; vergl. das Zitat in Anm. 76.

[79]) Cf. das ähnliche Beispiel bei Danz Seite 155 oben.

[80]) Dies betont zutreffend Brodmann II, Seite 70. — Diese Stelle ist zugleich insofern interessant, als hier Brodmann einmal den allgemeinen Gegensatz „Behauptung einer Tatsache" und „Behauptung eines gesetzlichen Merkmals", — und nicht bloss den speziellen Gegensatz „Tatsachenbehauptung" und „juristische Begriffsbehauptung" erörtert. Cf. oben Anm. 74.

[81]) Wach Seite 368 erwähnt das „glaubwürdige aussergerichtliche Geständnis von Rechtsverhältnissen" als Durchbrechung des Prinzips des Tatsachenbeweises. Nach der hier vertretenen Meinung kann indessen auch die Behauptung eines präjudiziellen Rechts-

verhältnisses unter Umständen eine Tatsachenbehauptung, ihr Beweis mithin ein Tatsachenbeweis sein. — Cf. oben Anmerkung 39.

[82]) Die Gründe dieser Unerwünschtheit werden im besonderen Teil ausführlich auseinandergesetzt werden.

[83]) Ähnlich Brodmann II Seite 154; — — der aber an dem Erfordernis einer (scilicet „stillschweigenden"!) einführenden Behauptung hier noch festhält.

[84]) Cf. die letzten Worte des oben § 16 III angeführten Zitates.

[85]) Cf. hierzu die Terminologie des § 293 St. P. O.

[86]) Cf. hierzu die Ausführungen oben § 20 IV.

[87]) Dieses Beispiel erwähnt Brodmann II. S. 70.

[88]) Etwa unter Benutzung der polizeilichen Ermittlungsorgane!

[89]) Entsprach die konkrete Beurteilung des Richters, welche die Anwendbarkeit der Gesetzesvorschrift feststellte, der Subsumtionstätigkeit der Geschworenen im Strafprozess, so entspricht diese den Rechtsfolgeninhalt für den konkreten Fall bestimmende Tätigkeit des Zivilrichters der Tätigkeit des „strafzumessenden" Richters im Strafprozesse.

[90]) Wieder bietet sich hier die Parallele zum Strafprozesse dar: Dieselbe wirkliche Handlung, welche die „Anwendbarkeit" des Diebstahlsparagraphen begründet, enthält zugleich einen grossen Teil der Umstände, welche für die „Strafzumessung" ausschlaggebend sind.

[91]) Beispiel entlehnt von Danz Seite 48.

[92]) Die Zugehörigkeit der „Auslegung" zur Rechtsfrage wird besonders scharf betont von Danz und Danz, R.; — vergl. hierzu z. B. Danz S. 33, 107, 154.

[93]) Vergl. hierzu und zum folgenden die entsprechenden Ausführungen über die „Behauptung gesetzlicher Merkmale im Zivilprozesse" oben in den §§ 19 ff. dieser Abhandlung.

[94]) In dieser Weise ist es z. B. Sache des Richters, darüber zu entscheiden, ob in den prozessual festgestellten Handlungen und Unterlassungen des Beklagten eine „Annahme als Erfüllung" (§ 363 BGB.) zu sehen ist oder nicht; — vergl. hierzu neuerdings RG. 71 S. 23 ff.

So gehört ferner zu den durch den Richter im Wege der Auslegung zu entscheidenden Fragen auch die Frage, ob in dem konkreten Tatbestand ein „suspensiv bedingter" oder ein „resolutiv bedingter" Mietvertrag gegeben ist. So z. B. bei folgendem Sach- und Streitstand: Der Kläger fordert Mietzins für 3 Jahre. Einigkeit darüber, dass Beklagter das vermietete, schattig gelegene Haus ein halbes Jahr lang bewohnt hat. Der Kläger: es habe der Beklagte auf 3 Jahre gemietet unter der resolutiven Bedingung, dass er seiner Verpflichtung ledig sein solle, wenn seine Gesundheit infolge der mangelnden Sonne Schaden litte. — Der Beklagte: er habe nur für den Fall auf 3 Jahre gemietet, dass es sich herausstelle, dass er die sonnenlose Wohnung gesundheitlich gut ertragen könne (Suspensivbedingung). — Ungewissheit (wegen widerstreitender Gutachten der ärztlichen Sachverständigen), ob des Beklagten Gesundheit Schaden erleide? — — Die Frage, zu wessen Lasten diese Ungewissheit bestehen bleibt, hängt davon ab, ob suspensive oder resolutive Bedingung vorliegt. Im ersten Falle würde der Kläger die Beweislast (abstrakte Feststellungslast) für die Entstehungsvoraussetzung, im zweiten der Beklagte die Beweislast (abstrakte Feststellungslast) für die Aufhebungsvoraussetzung zu tragen haben. Die Frage, ob Anfangs- oder Endbedingung vorliegt, ist nun nach realistischer Auffassung niemals eine durch die Beweisführungen der Parteien zum Antrag zu bringende quaestio facti. — Unzutreffend sind daher von diesem realistischen Standpunkt aus die ironischen Bemerkungen, durch welche Betzinger No. 102 die Leugnungstheorie ad absurdum führen will; — vergl. hierzu in dieser Abhandlung unten Anmerkung 192.

[95]) Diese Frage ist oft ebenso schwierig zu beantworten, wie die dann folgende Frage. Man denke an die häufigen Fälle der „stillschweigenden" Willenserklärungen.

Ein Wanderer springt auf der Strasse von hinten auf eine vorbeifahrende Kutsche; der Kutscher sieht ihn und fährt weiter, ohne seiner weiter zu achten. — Die erste Frage diesem Tatbestand gegenüber lautet: Liegt hier überhaupt ein Rechtsgeschäft, ein Vertrag vor? Erst die zweite Frage lautet: Welchen Inhalt hat dieser Vertrag? (Versprechen der unentgeltlichen Beförderung von seiten des Kutschers unter Ausschluss der besonderen Haftung des Tierhalters?)

B e i d e Fragen werden vom Richter durch die A u s l e g u n g entschieden. Man kann die Auslegung einer rechtsgeschäftlichen Willenserklärung nicht erst dann beginnen lassen, wenn bereits feststeht, dass ein konkretes menschliches Verhalten eine rechtsgeschäftliche Willenserklärung darstellt. Denn praktisch fällt die Beantworttung der beiden hier theoretisch unterschiedenen Fragen zumeist völlig oder doch zum grössten Teile in eins zusammen, — aus Gründen, welche oben im § 23 III 2) dieser Abhandlung für ein ähnliches Verhältnis ausführlich dargelegt worden sind.

[96]) Vergl. zur Bestätigung dieser Behauptung vorläufig Leonhard S. 278.

[97]) Vergl. hierzu die §§ 157, 242, 116[1], 119 BGB.; — dazu besonders Danz (passim). — Über die neuerliche Stellungnahme des RG. vergl. unten in Anm. 99.

[98]) Auch die gesetzlichen Auslegungsregeln sind daher alles andere als gesetzliche „Vermutungen" für das Vorliegen des Umstandes, dass der Erklärende den der Auslegungsregel entsprechenden inneren Willen auch wirklich gehabt habe.

So zutreffend auch Leonhard S. 331 (im Anschluss an Stein und an die erste Auflage von Danz: Auslegung). So besonders deutlich Danz in der hier benutzten zweiten Auflage S. 90. Ferner neuerdings wieder — wie schon früher Hedemann S. 236 — Hedemann Beweisl. S. 26. Unzutreffend neuestens wieder Betzinger No. 118.

[99]) Eine vermittelnde Stellung zwischen der objektiven Erklärungstheorie und der subjektiven Willenserklärungstheorie wird in einigen neueren Entscheidungen des RG. eingenommen; — man vergleiche die beiden vom VII. Senat kurz hintereinander gefällten Entscheidungen Bd. 68, S. 128 ff. und Bd. 68, S. 324 ff. Die erste dieser Entscheidungen erklärt den inneren Willen für bedeutungslos. Die zweite erklärt, die auf eine Rechtswirkung gerichtete Absicht des Erklärenden dürfe im Tatbestande eines Rechtsgeschäfts nie fehlen. Die Lösung dieses scheinbaren Widerspruchs findet man, wenn man beachtet, dass die erste Entscheidung schon von einer besonderen Voraussetzung ausging. Die gesamten in dieser Entscheidung ausgesprochenen Sätze sollen nur darum für diesen Fall richtig sein, weil „der Berufungsrichter selbst davon ausgeht, dass es sich bei jener Äusserung um eine r e c h t s g e s c h ä f t l i c h e Erklärung gehandelt habe."

Aus dem Vergleich dieser beiden Entscheidungen ergibt sich folgendes etwas sonderbare Bild der beiden zugrundeliegenden Gesamtauffassung: Keine „rechtsgeschäftliche Willenserklärung" ohne einen auf die Herbeiführung von Rechtswirkungen gerichteten inneren Willen. Ist aber ein solcher Wille festgestelltermassen vorhanden gewesen, so ist sein „Inhalt" für die Auslegung der Willenserklärung, für die Bestimmung ihrer rechtlichen Folgen völlig bedeutungslos.

[100]) Streng genommen ist Beweislastfolge nicht die gefällte Entscheidung selbst, sondern die Verpflichtung des Richters zum Erlass einer solchen Entscheidung; — ähnlich wie Rechtsfolge des verbrecherischen Tatbestandes nicht eigentlich die Strafe, sondern die subjektive Strafpflicht (das sog. „ius puniendi") des Staates ist.

[101]) Vgl. hierzu Hirschfeld S. 267 ff.

[102]) Bei diesem Rechtszustande würde dann die Regel gelten, dass „die Unbewiesenheit von Tatsachen zu Gunsten der wahrscheinlichsten zu werten wäre." — Diese Regel ist aber so wenig ein „Grundsatz der Beweislast", dass vielmehr bei ihrer Geltung das Problem der Beweislast zu existieren aufgehört hätte. Unzutreffend mithin die Ausführungen von Laun S. 416.

[103]) Vgl. hierzu die Zitate bei Leonhard S. 190, Anm. 3.

[104]) Unrichtig wäre es, wollte man Fitting wegen der — allerdings irreführenden — Behauptungen, welche er auf S. 16 f. gegen Bähr S. 394 ff. aufstellt, unter diejenigen rechnen, welche dem Richter bei der Entscheidung über Tatsachen nur die Alternative wahr oder unwahr gestatten. Fitting spricht hier nur davon, dass „nach unzweideutigem Wortlaut der Paragraphen 286, 475 ZPO. das Gericht bei seinem Urteil eine für dieses erhebliche tatsächliche Behauptung immer nur entweder als wahr oder unwahr, niemals aber als zweifelhaft behandeln könne." Und die Antwort auf die Frage, ob eine ungewiss gebliebene Tatsache bei der Urteilsfällung als wahr oder unwahr zu behandeln sei, soll gerade durch die Regeln der Beweislastverteilung gegeben werden. — Fitting begründet also nur — überflüssiger und irreführender Weise — den Ausschluss des non liquet bei der Prozessentscheidung und die Wirkungen der Beweislast durch eine Fiktion. Er meint, der Ausschluss des non liquet bei der Prozessentscheidung wäre nur unter der Voraussetzung des Ausschlusses des non liquet bei der Tatsachenentscheidung zu erklären. Er meint, der Richter, welcher eine Klage wegen Nichtfeststellung einer erheblichen Tatsache abwiese, müsse notwendig „fingieren", dass die Tatsache unwahr sei. Fitting übersieht, dass das Prozessrecht gar keiner Fiktion und gar keines Umweges bedarf, um mit dem (durch das Ungewissbleiben der Tatsache bedingten) Unfestgestelltbleiben eines gesetzlichen Merkmals die prozessuale Verpflichtung des Richters zur Fällung eines klagabweisenden Prozessurteils zu verknüpfen. — Die Überflüssigkeit der Fitting'schen Fiktion wird richtig erkannt von Bähr a. a. O. Diese Ausführungen Bährs sind dann wieder von Betzinger No. 39 Anm. 1 dahin missverstanden worden, als hätte Bähr sich gegen die Notwendigkeit einer alternativen Prozessentscheidung ausgesprochen; in Wahrheit bekämpft Bähr nur die oben bezeichnete Fiktion Fittings und ist mit ihm über die Unzulässigkeit des non liquet bei der Prozessentscheidung völlig einverstanden.

[105]) So schon Bähr S. 294, der freilich dem § 286 ZPO. überflüssigerweise eine gekünstelte Auslegung zuteil werden lässt. Er legt

nämlich den § 286 so aus, wie er auszulegen wäre, wenn statt der Worte „für wahr oder für nicht wahr“ dastände „für wahr oder nicht für wahr“, und konstruiert so einen logisch und sprachlich unhaltbaren Gegensatz zwischen „nicht wahr“ und „unwahr“. Zutreffend gegen solche Auslegung des § 286 Fitting S. 16/17 in Note a unter Hinweis auf die Terminologie des § 475 ZPO. („Wahrheit oder Unwahrheit“).

Es ist also — entgegen Bähr — allerdings zuzugeben, dass der § 286 bestimmt, der Richter solle entscheiden, ob eine Tatsache für wahr oder für nicht wahr, d. h. für wahr oder „unwahr“ zu erachten sei. Der Paragraph spricht aber keineswegs davon, dass die richterliche Beweiswürdigung n u r zu einem dieser beiden Ergebnisse kommen dürfe. Im Gegenteil: er lässt der richterlichen Beweiswürdigung eine nur durch die besonderen gesetzlichen Beweisregeln für einzelne Fälle eingeschränkte „Freiheit“.

Wie die hier vertretene Meinung auch Leonhard S. 190 und Betzinger No. 1 Anm. 1 (ohne nähere Begründung). So jetzt auch Kohler S. 69.

[106]) So zutreffend Leonhard S. 191.

[107]) Vgl. Bähr S. 401 ff.; — ebenso Leonhard S. 197/98.

[108]) So auch Betzinger No. 1, Anm. 2.

[109]) Vgl. über den Vermutungscharakter dieser Beweislastregel die Ausführungen oben in Anm. . .

[110]) Vgl. z. B. RG. 66 S. 279 ff. (zitiert auch bei Hedemann, Beweisl. S. 26), — und RG. 71 S. 23 ff.

[111]) Vergl. hierzu auch die Ausführungen oben in Anmerkung 94.

[112]) Viele die ganze „abstrakte Beweislastscholastik“ in Bausch und Bogen verdammende Urteile, bes. der Freirechtsschule, sind von vornherein an die falsche Adresse gerichtet. Sie treffen in Wahrheit eine schematisierende Beweiswürdigung, treffen aber nicht die Beweislast. Cf. z. B. Fuchs S. 33/34 (Beispiel aus Jur. Woch. 08 S. 280, No. 20), ferner Bozi S. 21, 26 ff., 180 ff.

[112a]) So der klare Gesetzeswortlaut des § 475 ZPO. und die herrschende Meinung. Vgl. neuerdings Hedemann Beweisl. S. 27.

[112b]) So am ausführlichsten Rosenberg (S. 19 ff.) und dort Zitierte. So neuestens R. Schmidt S. 24 ff. und dort Zitierte (Zinserling).

[113]) So zutreffend auch Fischer, Sein und Schein S. 13 f.

[113a]) So zutreffend wieder Fischer, Sein und Schein S. 11 ff.

[114]) So Bozi S. 28.

[115]) Vergl. hierzu auch die auf einem ähnlichen Gedanken beruhenden Ausführungen bei Fischer, Sein und Schein S. 14 ff., bes. S. 24.

[116]) Vergl. über die Tatsachenfeststellung durch Geständnis zunächst die §§ 288 I und 138 II ZPO.

[117]) Dieser dritte Fall leitet, wie später gezeigt werden wird, zu dem Tatbestande des „qual. Gest.“ über.

[118]) Cf. hierzu auch G a u p p - S t e i n zu § 289: „Die Hinzufügung einer abweichenden rechtlichen Auffassung der identischen Tatsachen lässt das Geständnis als solches bestehen (RG. 12. Juli 97 Jur. Woch. S. 461.)“

[119]) Cf. B ä h r Seite 395.

[120]) In Wahrheit kann, wie schon oben gezeigt wurde, der Richter zu den „wirklichen Tatsachen“ selbst niemals durchdringen. Cf. hierzu auch weiter unten im § 28 I dieser Abhandlung.

[121]) Cf. Bähr Seite 407, Anm. 2.

[122]) Nebensächlich ist an diesem Beispiel für uns die „rechtsbegriffliche“ Natur des Übergabebegriffes. Augenscheinlich können genau dieselben Dinge zum Beispiel auch bei dem Begriffe des „Zugehens“ vorkommen, dessen Voraussetzungen nirgends im Gesetz festgelegt sind; — vergl. über die Mehrdeutigkeit dieses Begriffes bes. Jakobi: Der § 130 BGB. (Jenaer Diss. 1909).

[123]) Cf. auch das ähnliche Beispiel bei Brodmann II Seite 124/125 mit Seite 119/120.

[124]) Dies nicht bloss wegen der Möglichkeit, auf diesem Wege vielleicht aus der ursprünglichen Totalbestreitung ein Totalgeständnis (oder ein teilweises Geständnis) zu entwickeln. Daneben wird häufig eine genauere Beschreibung der tatsächlichen Vorgänge schon an sich, ohne jeden besonderen Feststellungsakt, eine sehr hohe Wahrscheinlichkeit für die Wahrheit des ganzen Berichts erbringen; cf. § 286 ZPO. (Es kommt hier der Bentham'sche Gedanke von der natürlichen Sanktion der Wahrheit in Betracht, nach welchem es für den menschlichen Geist viel schwieriger ist, glaubhafte Lügen in widerspruchslosem Zusammenhange zu erfinden, als wahrheitsgemäss alles das zu berichten, dessen man sich noch erinnert; cf. Bentham I Chapitre 10.)

[125]) Warum gerade nur dieses? Ein Vorbringen, welches an sich „unsubstanziiert“, zur Begründung der rechtlichen Anträge der Parteien „ungenügend“ ist, wird doch seinem Inhalte nach nicht vollständiger dadurch, dass seine Wahrheit gerade durch Nichtbestreitung festgestellt wird.

[126]) So Brodmann II an vielen Stellen, namentlich Seite 123/24 in der Polemik gegen die Ansicht Stölzels.

[127]) Gerade erfahrene Praktiker sind es, welche dieses Bedürfnis immer wieder betonen. Cf. vor allem Bähr am a. O., Stölzel und Stölzel Z. (passim), Schneider z. B. Seite 18/19 und an vielen anderen Stellen, Brodmann I und Brodmann II (passim).

[128]) Cf. RG. Bd. 69, Seite 380 ff.; — dazu auch Schneider in D. J. Z. 09, Seite 1181.

[129]) Die vom RG. kassierte Entscheidung des Berufungsgerichts ist schon darum völlig verfehlt, weil sie in sich selbst widerspruchsvoll ist. Denn wollte man überhaupt ein Vorbringen als unsubstanziiert abweisen, so musste man doch das viel unbestimmtere, abstraktere Vorbringen des Klägers zurückweisen und nicht das viel bestimmtere und konkretere Vorbringen des Beklagten.

[130]) Jedoch kann sie von ihm als Tatsache behauptet und demnächst vom Kläger zugestanden werden.

[131]) Cf. über diese Einreden besonders die im Literaturverzeichnis aufgeführte Abhandlung Thons.

[132]) Zu unterscheiden ist hier also immer dreierlei:

1. Die Geltendmachung der Verjährung;
2. Die tatsächliche Begründung der Urteilsvoraussetzung des Zeitablaufs durch die Behauptung einer Tatsache; vgl. hierzu im Text im folgenden Absatz.
3. Die der Partei erlaubte und von ihr erwartete „konkrete rechtliche Deduktion“: die Darlegung, dass in der zur Begründung angeführten Tatsache die Urteilsvoraussetzung des Zeitablaufs gegeben sei, — somit die Behauptung dieser Urteilsvoraussetzung als solcher.

[133]) Von der Möglichkeit, dass daneben auch der Zeitpunkt der

Klagezustellung unbekannt ist, wird hier der Einfachheit halber abgesehen.

[134]) Cf. Brodmann II, Seite 93/94.

[135]) Es ist in unserem Beispiel selbstverständlich vorausgesetzt dass zur Kennzeichnung des Kaufgeschäfts, um welches es sich handelt (also zur „Individualisierung" der anspruchbegründenden Tatsachen) die Angabe „Ende 1901 oder Anfang 1902" ausreicht. Nur für diesen Fall erhebt sich die weitere hier im Text behandelte Frage.

[136]) So Brodmann; vergl. oben Anm. 126.

[137]) Dieses Interesse beruht auf der grösseren Glaubwürdigkeit der konkreteren Angabe. Vergl. hierzu oben in Anm. 124; dazu auch die Ausführungen bei Fischer, Sein und Schein S. 13 f.

[138]) Vergleiche hierzu auch die oben im § 25 II 2) und in Anm. 94 dieser Abhandlung angeführten Beispiele.

[139]) Brodmann II Seite 102/103 meint, dass die juristische Begriffsbehauptung eine „zusammengesetzte, nämlich aus Tatsachen und juristischer Subsumtion bestehende" Behauptung sei.

[139a]) Eine solche zusammengesetzte Behauptung kann natürlich auch dann vorliegen, wenn das Prädikat der Behauptung nur durch ein Wort gebildet wird. Man denke an die Worte Rappe, Hengst und Stute. Die meisten Worte unserer Sprache bezeichnen zusammengesetzte Begriffe.

[140]) Man vergleiche hierzu das oben § 27 II 1) am Ende angeführte Beispiel Bährs.

[141]) So Brodmann a. a. O.

[142]) Auch zur Einredetheorie. Cf. zum Belege z. B. Brodmann II Seite 100. „Wenn es trotzdem noch lange nicht gelungen ist, die Leugnungstheorie aus dem Felde zu schlagen, so liegt das meines Ermessens zum guten Teil daran, dass in dem fehlerhaften Grundgedanken die Einredetheorie der Leugnungstheorie nichts nachgibt."

[143]) Mit diesem Beispiel glaubte Stötzel (Vorrede zur 5. Auflage, am Ende) die „Einredetheorie" ad absurdum führen zu können. Die Einredetheorie hat dagegen — von ihrem Standpunkt, der ja nur in der Verteilung der „abstrakten" Feststellungslast vom Stölzelschen Standpunkt abweicht, mit Recht — Protest eingelegt; cf. z. B. Betzinger No. 101, Anmerkung 2. — — Demnächst hat dann Brodmann (II Seite 120/121) dieses Beispiel aufgegriffen und erklärt, dass von seinem Standpunkt aus das von Stölzel verhöhnte Ergebnis theoretisch richtig und auch praktisch ohne Bedenken sei.

[144]) So H. Meyer (Anleitung zur Prozesspraxis, 6. Aufl., § 69 Seite 188, Anmerkung 2), der dieses Beispiel zuerst gebildet hat; cf. Stölzel a. a. O.

[145]) So wörtlich Stölzel a. a. O.; — cf. aber über die Stellung Stölzels auch den folgenden Paragraphen dieser Abhandlung.

[146]) Brodmann II Seite 117 rügt mit Recht, dass „die von ihm bereits im Jahre 1897 aufgestellte Theorie des qualifizierten Geständnisses von keinem seiner Rezensenten Widerspruch erfahren hat, obwohl sie allem, was bisher darüber gelehrt worden ist, schnurstracks und grundsätzlich zuwider läuft", — dass aber gleichwohl diese seine Lehre nirgends rezipiert worden ist. — Auch dieser Ruf ist jedoch bisher gänzlich ungehört verhallt. Stölzel und Betzinger, die Hauptvertreter der Leugnungs- und der Einredetheorie, haben auch noch in den neuesten Auflagen ihrer viel gelesenen Werke die Einwendungen

Brodmanns völlig unbeachtet gelassen. Die Ergebnisse Brodmanns erfahren somit hier erstmals eine theoretische Widerlegung. Damit zugleich erlangen erst jetzt und hier die — inhaltlich modifizierten — Ergebnisse der Leugnungstheorie ihre theoretische Begründung. Ist doch eine jede wissenschaftliche Lehre solange ein blosses Dogma, als sie begründete Widerlegungsversuche ignoriert.

[147]) Betzinger No. 101 erklärt die Setzung einer Bedingung durch die Worte: „Ja, gekauft, aber unter Bedingung", — für eine „selbständige Tatsache" und bezeichnet die entgegengesetzte Auffassung als „eigenartig". — — Dabei geht er aber selbst von der Annahme aus, dass die Behauptung des Beklagten, er habe auf das Angebot des Klägers erwidert: „Ja, das fällt mir gar nicht ein", — keine „selbständige" Tatsachenbehauptung sei. — — Offenbar besteht jedoch zwischen der einen und der andern „Tatsache" weiter kein Unterschied, als dass durch die Behauptung des ersten Zusatzes („aber unter Bedingung") eine besondere „Urteilsvoraussetzung" behauptet wird.

[148]) Es scheiden im folgenden aus unserer Erörterung des Problems des qual. Gest. alle diejenigen Kontroversen aus, welche nur den Gegensatz zwischen Leugnungs- und Einredetheorie ideologischer Lesart, somit nur die Verteilung der „abstrakten" Feststellungslast betreffen.

Gerade umgekehrt behandelt Leonhard Seite 277 ff. lediglich die Fragen der abstrakten Feststellungslast. Das Vorhandensein irgendwelcher anderer Schwierigkeiten in der Frage des qualifizierten Geständnisses wird von ihm Seite 278 überhaupt in Abrede gestellt. — Ähnlich neuerdings wieder RG. 68 S. 306: „Darüber, ob ein qualifiziertes Geständnis oder ein motiviertes Leugnen vorliegt, entscheiden die materiellen (!) Regeln über die Beweislast."

[149]) So Stölzel selbst Seite 325.

[150]) So dürfte es insbesondere auf die Vorstellung einer „Unteilbarkeit" des Geständnisses zurückzuführen sein, wenn von manchen gar die Meinung vertreten wird, auch die Behauptung einer Endbedingung stelle ein „Leugnen" des Klagegrundes dar; (cf. Betzinger No. 102 und dort Zitierte, ferner No. 107; dazu die Zitate bei Leonhard Seite 318, Anm. 1.). Denn die Voraussetzungen der nachträglichen „Aufhebung" eines einmal rechtsgültig entstandenen Rechtsverhältnisses werden ja allgemein, von der Leugnungs- wie von der Einredetheorie, zur „Beweislast" des Beklagten gestellt.

[151]) Ähnlich der für das gemeine Recht aufgestellte Satz: confessio qualificata non est dividenda, sed vel tota reiicienda, vel tota acceptanda; — cf. Betzinger No. 79.

[152]) Wir akzeptieren, was den „Gegenstand" der Beweislast beim qual. Gest. betrifft, die Auffassung Brodmanns, was die „Verteilung" der abstrakten Feststellungslast betrifft, die Leugnungstheorie, — und erhalten so als Ergebnis eine modifizierte „Leugnungstheorie realistischer Lesart". Ebensogut liesse sich — unter Zugrundelegung der abstrakten Feststellungslastverteilung der Einredetheorie — eine „Einredetheorie realistischer Lesart" begründen. Beide diese Theorien müssen, was den Gegenstand der Beweislast betrifft, die Fehler der ideologischen Auffassung, — was die Verteilung der Beweislast im einzelnen Falle betrifft, die Fehler der Brodmannschen Theorie vermeiden.

[153]) Auch die Bestreitung einer Behauptung its logisch eine

Assertion. Die „Bestreitung" stellt das dem behaupteten Tatsachenurteil kontradiktorisch entgegengesetzte Tatsachenurteil als wahr hin.

Bezüglich eines jeden problematisch vorgestellten Urteils sind sonach zwei verschiedene Arten von Assertionen denkbar. Im Prozesse liegt die Sache bei jeder bestrittenen und noch nicht bewiesenen Behauptung so, dass der Richter sich die Vorstellungsverbindung problematisch vorstellt, während die beiden kontradiktorisch entgegengesetzten Assertionen von den beiden Parteien unterstützt werden.

[154]) § 366 des Entwurfs zum BGB. bestimmte, dass die aus einem gegenseitigen Vertrage auf Erfüllung klagende Partei die Erfüllung ihrer eigenen Verpflichtung „erst dann behaupten" müsse, wenn diese Erfüllung von der Gegenpartei bestritten, — das heisst also: die Nichterfüllung von der Gegenpartei behauptet, — wäre. — — Cf. hierzu Fischer S. 22/23.

[155]) Sehr klar und präzis sind diese beiden grundsätzlichen Wahrheiten zusammengefasst in folgenden von Wach S. 387/88 aufgestellten Sätzen:

1. Nicht gilt: wer behauptet, beweist.
2. Nicht gilt: wer positiv behauptet, beweist.

[156]) Cf. z. B. Betzinger No. 69; Leonhard S. 286 und dort Zitierte.

[157]) Cf. z. B. Hölder S. 61: „Auch dass eine bestimmte Tatsache nicht zutrifft, ist eine Tatsache."

[158]) Cf. Best S. 8; — Best übernimmt diesen Satz aus Mills System of Logic p. 51/52.

[159]) Zwei Bemerkungen sind hier anzuschliessen:

1. Nach Sigwart ist das verneinende Urteil (der negative Begriff) keine dem positiven Urteil (Begriff) gleichberechtigte und gleich ursprüngliche Spezies; vgl. dazu Bülow S. 10 ff., Brodmann III, S. 302 ff. Dies ist richtig, jede Verneinung ist für uns die Verneinung einer Bejahung; aber nicht jede Bejahung wird von uns zugleich bewusstermassen als die Verneinung einer Verneinung empfunden. Es kommt indessen für die Ausführungen des Textes nicht auf den logischen Wert dieser Spezies von Urteilen (Begriffen) an, sondern allein auf ihren praktischen Mitteilungswert.

2. Das Wesen des negativen Urteils (Begriffs) erschöpft sich zugestandenermassen in der Verneinung eines positiven Urteils (Begriffs). Solche Verneinung hat aber einen Inhalt und unterscheidet sich dadurch sehr deutlich von der „nichtssagenden" Nicht-Behauptung des positiven Urteils. Vergl. hierzu z. B. Kant S. 97: „Hätte ich von der Seele gesagt: sie ist nicht sterblich, so hätte ich durch ein verneinendes Urteil wenigstens einen Irrtum ferngehalten."

[160]) Cf. auch das Beispiel oben § 18 II, wo zur Begründung der „Fahrlässigkeit" des Tierhalters zwei „Unterlassungen" behauptet werden.

[161]) „Das Gegenteil ist oft gesagt, aber nie bewiesen worden. Vielleicht schien es konsequent, sich auch mit dem Beweise dieser Negativa nicht zu befassen." — So zutreffend schon Weber S. 104.

[162]) Auch der von Leonhard S. 55 für einen direkten Negativen-Beweis erklärte, von Bartolus erdachte Augenscheinsbeweis: video quod non habeas pecuniam in manu, — ist nur ein indirekter Beweis. Man sieht die leere Handfläche, und schliesst daraus, allerdings zwingend, dass das Geld nicht darauf liege.

[163]) Cf. besonders Leonhard S. 55, Brodmann II S. 137/38, 141/42, Rogowski S. 338, Anm. 47.

[164]) Eine negative Urteilsvoraussetzung ist z. B. dieses, dass ein Rechtsgeschäft „unbedingt“, dass es „ohne Preisvereinbarung“ abgeschlossen sei. So ferner der Begriff der „Unterlassung“ einer unter einem bestimmten positiven Begriff fallenden Handlung; z. B. die „Nichtannahme“ der angebotenen Leistung als gesetzliche Voraussetzung des Gläubigerverzugs gemäss § 293 GBB. Ferner z. B. der Begriff der „Grundlosigkeit“ einer Weigerung gemäss § 1379 BGB.; der Begriff der „Nichterweislichkeit“ der vom Beleidiger behaupteten Tatsache gemäss § 186 StGB.

Weiter nichts als eine Verwechselung des Abstrakten und Konkreten ist es, wenn Fitting S. 52 behauptet, „dass zu den tatsächlichen Voraussetzungen einer Rechtsvorschrift niemals das blosse Unterbleiben eines Geschehens gehören kann.“ — In Wahrheit ist ebenso selbstverständlich, dass zu den begrifflichen Voraussetzungen einer abstrakten „Rechtsvorschrift“ auch der Begriff des blossen Unterbleibens eines Geschehens gehören kann, wie anderseits offenbar diese negative Voraussetzung nur in konkreten — weder positiven noch negativen — Ereignissen und Zuständen ihre Verwirklichung finden kann.

Gegen Fitting auch Brodmann II. S. 141/142.

[165]) So auch Stein, der S. 38, 150 ausführlich darlegt, dass notorisch auch „Verneinungen von Tatsachen“ sein können und eine Reihe lehrreicher Beispiele dafür anführt.

[166]) Betzinger, der sonst (z. B. N. 92 Anm.) die „praktischen“ Rücksichten als ausschlaggebend bezeichnet, nimmt No. 110 Absatz III merkwürdigerweise daran Anstoss, dass als zugeschobener Eid auch eine Positive (die Negation einer Negation) geschworen werden soll. Er geht dabei wie von etwas Selbstverständlichem davon aus, dass als richterlicher Erfüllungseid nur eine Positive geschworen werden könne; — wie nun, wenn es sich um die Erfüllung einer Unterlassungspflicht handelt?

[167]) So zutreffend Brodmann II, S. 69, der gleichwohl die Konsequenzen dieses Satzes bei der Behandlung des qual. Gest. gerade nicht berücksichtigt.

[168]) Ein rein terminologisches Moment scheint mir die Verkennung dieses Verhältnisses, die Identifikation von Position und rechtlicher „Behauptung“, Negation und rechtlicher „Bestreitung“ mitverschuldet zu haben. Das ist der Umstand, dass „bestreiten“ auf lateinisch „negare“ heisst, und dass unter dem Einfluss dieses lateinischen Ausdrucks auch die heutigen Juristen häufig von einem „Leugnen“ sprechen, wo korrekterweise von einem „Bestreiten“ zu sprechen wäre. (— So wird ja gerade als „Leugnungstheorie“ diejenige Lehrmeinung bezeichnet, welche in gewissen Einlassungen, in welchen die „Einredetheorie“ eine selbständige „Behauptung“ sieht, eine „Bestreitung“ des Klagegrundes erblickt. Korrekt bezeichnet müsste die „Leugnungstheorie“ vielmehr „Bestreitungstheorie“ heissen. —) Infolge dieser petitio principii im Ausdruck erscheint der „Leugnende“ oder „Negierende“ von vornherein als Bestreiter und nicht als Behaupter.

[169]) Übrigens greifen, wie schon Brodmann betont hat, genau dieselben Erwägungen auch dann Platz, wenn etwa in diesem Falle der Beklagte vorträgt, er habe auf das Angebot des Klägers erwidert: „Nein, das will ich mir doch erst noch überlegen“, — und wenn nun der Kläger dieser Totalbestreitung gegenüber demnächst beweist,

dass der Beklagte auf das Vertragsangebot zunächst jedenfalls mit dem Worte „ja" geantwortet hat. Auch hier bleibt streitig, ob der Beklagte den Zusatz hinzugefügt oder nicht hinzugefügt hat. Cf. hierzu Brodmann II. S. 120/21, und in dieser Abhandlung unten bei Anm. 174.

[170]) So Brodmann II. S. 110.

[171]) Diese negative Tatsache wurde ja erst durch den Beklagten bestritten, demnächst auch vom Kläger behauptet. — Dieser Sachverhalt wird nur dadurch verdunkelt, dass in diesem Falle, in einer Kumulierung der oben isoliert erörterten Schwierigkeiten, dasjenige, was die Behauptung im Rechtssinne darstellt, tatsächlich als Bestreitung und logisch als Negation auftritt; — während umgekehrt dasjenige, was die Bestreitung im Rechtssinne darstellt, tatsächlich als Behauptung und logisch als Affirmation erscheint.

[172]) Vergl. über „antizipierte" Behauptungen im allgemeinen besonders Betzinger No. 70, No. 76, Abs. I. bis IV.

[173]) Brodmann polemisiert II. S. 108/9 gegen folgende Ausführungen Rosenbergs (Arch. S. 99 Note 103):

> „Gibt der Beklagte zu, dass für die ganze Pachtdauer ein bestimmter jährlicher Zins vereinbart worden ist, und behauptet er für die ersten Jahre der Pacht Pachtgeldfreiheit, so leugnet er keine der Klagebehauptungen, sondern macht eine selbständige, wenn auch in demselben Vertrage getroffene Vereinbarung geltend und hat sie zu beweisen."

Sehr zutreffend hält Brodmann a. a. O. diesen Ausführungen folgende Erwägung entgegen: „So? Wenn nun K l ä g e r vorgetragen hätte, davon (von der Pachtgeldfreiheit) sei allerdings die Rede gewesen, er, Kläger, habe es aber bestimmt abgelehnt?"

Dieser Einwurf Brodmanns ist geeignet, die ganze Theorie Brodmanns von der Beweislast beim qual. Gest. umzustürzen. Denn wenn z. B. für den Paradigmafall des Textes Brodmann lehrt, der Beklagte leugne hier keine der vom Kläger vorgetragenen Behauptungen und stelle nur eine den Syllogismus unterbrechende neue Behauptung auf, — so brauchen wir diesem Satze nur folgende Erwägung entgegen zu setzen: „So? Wenn nun Kläger vorgetragen hätte, der Beklagte hätte seiner Zeit eine bejahende Antwort ohne Klauseln gegeben, ein einfaches Ja und weiter nichts gesagt?" — Wurde nicht gerade diese negative Behauptung des Klägers vom Beklagten anticipando „geleugnet"?

[174]) Beispiel entlehnt von Brodmann II. S. 120/21.

[175]) Natürlich steht nun dem Beklagten der Gegenbeweis offen. Dieser Gegenbeweis kann aber gemäss § 446 ZPO. nicht durch Eideszuschiebung geführt werden.

[176]) Diese realistische Lesart der Leugnungstheorie unterscheidet sich von der ideologischen Lesart besonders auch dadurch, dass sie den Begriff des „motivierten Leugnens" oder „begründeten Bestreitens" nicht mehr kennt. — Nirgends in der ZPO. steht geschrieben, dass der Bestreiter einer Behauptung seine Bestreitung u. U. „begründen" müsste. Gleichwohl sieht die ideologische Lehre in unserm Paradigmafalle in der Einlassung des Beklagten ein durch die Behauptung des Zusatzes „begründetes" Bestreiten der vom Kläger behaupteten „Annahme". Die hier vertretene realistische Leugnungstheorie dagegen sieht in jener Einlassung des Beklagten zweierlei: Erstens ein Geständnis der positiven Tatsache des „Ja—sagens". Zweitens

eine, einer ,,Begründung" nicht mehr bedürftige, antizipierte Bestreitung einer vom Kläger noch zu behauptenden negativen Tatsache.

[177]) So zutreffend Stölzel, Vorrede zur IV. Aufl., Absatz 8.

[178]) So Betzinger No. 142 B, c. und dort Zitierte. So ferner Brodmann II. S. 112/13 und Danz S. 44. — Das Gegenteil wird auch nicht von Stölzel a. a. O. behauptet, wie Brodmann a. a. O. meint. Der Gegensatz zwischen Stölzel und Brodmann bezieht sich erst auf die bei und in Anm. 179 und 182 erörterten Fragen.

[179]) Dafür Brodmann II. S. 112; dagegen Betzinger No. 142 B, a, b und anscheinend auch Stölzel a. a. O.

[180]) So zutreffend Danz S. 45, und Danz in Jur. Wochenschr. 1908, S. 361.

[181]) Cf. hierzu Danz S. 44/45 und in dieser Abhandlung oben § 24 IV, 2) a).

[182]) So neben Danz besonders auch Stölzel a. a. O.; abweichend Brodmann a. a. O., der ,,den typischen Fall eines solchen Kaufes" den §§ 315/16 unterstellen will und den im Text erörterten praktischen Hauptfall als Ausnahmefall behandelt.

[183]) Praktisch wichtiger wird die völlige ,,Nichtvereinbarung" für den Fall der Stundung: § 271 BGB. bestimmt, dass der Gläubiger die Leistung sofort verlangen kann, wenn ,,eine Zeit für die Leistung weder bestimmt noch aus den Umständen zu entnehmen ist." — Der Kaufpreisgläubiger klagt auf Zahlung. Der Käufer wendet ein, es sei ihm beim Kaufabschluss Stundung bewilligt worden.

Für diesen Fall hat sich neuerdings wieder eine Entscheidung des RG. völlig auf den Boden der Leugnungstheorie ideologischer Lesart gestellt; vgl. RG. 68, S. 306: ,,In dem Vorschützen der Stundung liegt ein mit Begründung versehenes Leugnen des Klagegrundes". (Leugnungstheorie!) — ,,Für seine Behauptung, dass nichts Anderes bestimmt worden, muss der Kläger den Beweis führen, weil sie der Beklagte, wenn auch unter Begründung, leugnet, indem er einen anderen Vertraginhalt angibt." (Ideologie! — in Wahrheit wurde nicht die ,,Nichtvereinbarung" unter ,,Begründung" bestritten; vielmehr stellt das ,,begründende" Vorbringen, — die ,,Angabe des anderen Vertragsinhalts", — eine antizipierte begründungslose Bestreitung der demnächst vom Kläger zu beweisenden negativen Behauptungen dar.) — Cf. hierzu auch oben Anm. 176 und unten Anm. 184.

[184]) Vergl. Brodmann II. S. 114; — dazu auch oben Anm. 173. — — Im Ergebnis wie die hier vertretene Meinung die Leugnungstheorie und einzelne Anhänger der Einredetheorie, besonders Betzinger a. a. O.

Treffend insbesondere Stölzel, Vorrede zur III. Auflage, 6. und 7. Absatz: ,,Erscheint der Beklagte zur Verhandlung und macht geltend, es sei ein Minderpreis vereinbart, so ändert das die Rechtslage: will der Kläger die Behauptung des Beklagten bestreiten, so kann er das mit Wirksamkeit nur dadurch, dass er sich darauf beruft, es sei über den Preis keine Abrede getroffen. Nunmehr tritt diese Behauptung den bisherigen Klageangaben erläuternd hinzu."

Unzutreffend ist an diesen Ausführungen Stölzels nur noch das eine, dass der Kläger die Behauptung des Beklagten ,,mit Wirksamkeit nur dadurch bestreiten könnte", dass er die Urteilsvoraussetzung (die ,,Nichtvereinbarung irgend eines Preises") selbst behauptet. Der Kläger kann sich vielmehr auf die Bestreitung der behaupteten

Vereinbarung beschränken, und schon in dieser Bestreitung liegt alsdann eine beweisbedürftige „Behauptung" des Klägers.

[185]) Eine blosse „Feststellungsklage" kann auch auf die Feststellung eines materiellrechtlich noch nicht entstandenen Anspruchs gerichtet sein.

[186]) So insbesondere Stölzel, Vorrede zur IV. Auflage, 4. Absatz; Leonhard S. 317 ff. und die bei Leonhard S. 317 in Anm. 6 Zitierten; abweichend natürlich die Anhänger der Einredetheorie. Abweichend aber — für den Fall der resolutiven Bedingung — auch viele Vertreter der Leugnungstheorie. Vergl. die Zitate bei Leonhard S. 318, Anm. 1 und in dieser Abhandlung oben Anm. 150.

[187]) Dieser Streit betrifft nach der ideologischen Auffassung natürlich nur die Art, das „wie" der Beweisführung, nicht den „Gegenstand" der Beweislast.

[188]) Die folgenden Sätze sind ein längeres Zitat aus Betzinger No. 109. Cf. hierzu weiterhin die bei Betzinger a. a. O. selbst gegebenen Zitate und die bei Betzinger, Entscheidungen S. 185 bis 196 angeführte Judikatur.

[189]) Hier Ende des Zitates aus Betzinger.

[190]) Cf. Leonhard S. 283/84 und dort Zitierte.

[191]) Cf. hierzu besonders Betzinger No. 110; dazu in dieser Abhandlung oben in Anm. 166.

[192]) Betzinger No. 102 wirft der Leugnungstheorie ideologischer Lesart mit Recht vor, dass es bei ihr manchmal quästio facti sein würde, „ob die Parteien ein suspensiv bedingtes „einheitliches Rechtsgeschäft" beabsichtigen, oder ob sie die Bedingung als resolutiv, als „Nebenberedung" aufgefasst wissen wollten". Von diesem Vorwurf wird unsere realistische Version der „Leugnungstheorie" nicht mehr getroffen. Der „Charakter der Bedingung" ist für unsere realistische Auffassung nicht mehr eine „quästio facti", sodass ihr suspensiver bez. resolutiver Charakter unter Umständen gar zur Beweislast einer Partei stehen könnte; cf. hierzu oben Anm. 94! Vielmehr entscheidet der Richter unter Berücksichtigung aller wirtschaftlichen und ideellen Momente, ob die Bedeutung der behaupteten Abrede „nach Treu und Glauben und mit Rücksicht auf die Verkehrssitte" dahin geht, ein Verpflichtungsverhältnis unter Ermöglichung seiner eventuellen Wiederaufhebung sofort zu begründen, oder die eventuelle Begründung eines Verpflichtungsverhältnisses zunächst nur vorzubereiten.

[193]) Cf. Stammler S. 19.

[194]) Die Notwendigkeit einer weitgehenden Berücksichtigung grade derartiger Umstände bei der Auslegung rechtsgeschäftlicher Willenserklärungen wird besonders scharf betont durch RG. Bd. 68, S. 119 f.

Druck von Julius Beltz, Hofbuchdrucker, Langensalza.

FSC
www.fsc.org
MIX
Papier | Fördert gute Waldnutzung
FSC® C083411

Kolibri 360 GmbH
Ferdinand-Jühlke-Straße 7
99095 Erfurt, Deutschland
produktsicherheit@kolibri360.de